Barcelona
Costa Brava · Pyrenäen

Liebe Leserin, lieber Leser,

wenn man sich den nordöstlichen Winkel Kataloniens im Satellitenbild (Seite 127) betrachtet, stellt man mit Erstaunen fest, dass hier drei ganz verschiedene Reiseziele dicht beieinander liegen: die Pyrenäen mit ihrer wilden Natur und ihren 3000 Meter hohen Bergen, die touristisch perfekt erschlossene Costa Brava mit ihrem ruhigen Hinterland und die quicklebendige Millionenstadt Barcelona mit ihrer seit Jahren ungebremsten

PICASSOS „Blick auf das Kolumbusdenkmal" war auch der unseres Titelfotografen. 100 Jahre nach dem Künstler wohnte er in demselben Haus

Aufbruchstimmung. Warum, fragten wir uns da, soll sich der Reisende zwischen so vielen Angeboten entscheiden? Warum nicht alles genießen? Als vor fünf Jahren das letzte MERIAN Barcelona erschien, war dies noch eine ganz andere Stadt als heute, und in fünf Jahren wird es wieder so sein. Auch die Costa Brava ist im Wandel, muss sich neuen Bedürfnissen der Urlauber anpassen, ohne ihren wilden Charme zu verlieren; nur die Berge bleiben, was sie sind: urtümliches Refugium und stille Natur. Wer einen Städtetrip nach Barcelona macht, sollte daher die Schneegipfel nicht versäumen, wer den Strand gebucht hat, die Attraktionen der Metropole einplanen und wer zum Wandern in die Berge fährt, darf sich ruhig einmal in einer der stillen Meeresbuchten erfrischen. Cross-over-Urlaub könnte man das nennen oder besser: Katalonien, der in jeder Hinsicht reichste Teil Spaniens. Wie Sie sich auch entscheiden: Ihnen allen wünsche ich viel Spaß beim Lesen.

Herzlich, Ihr

Andreas Hallaschka
MERIAN-Chefredakteur

DESIGN ist Barcelonas Großthema. Fotograf Klaus Bossemeyer aus Münster und Autorin Anuschka Seifert aus Barcelona erkundeten die Szene. Wer dabei wem die Stadt zeigte, blieb offen. **Seite 66**

GÄRTEN sind das Anliegen des Fotografen Eduardo Mencos. Sein Buch „Verborgene Gärten in Spanien" hat uns angeregt, dem Geist der katalanischen Gartenkunst nachzugehen. **Seite 74**

INHALT

Barcelona
Costa Brava · Pyrenäen

SEITE 52
FLUCHT VOR DER BUCHT
Remmidemmi in Tossa? Nicht jedermanns Sache. Aber nur
ein paar Kilometer weiter wartet ein stilles Hinterland

SEITE 44
DALÍ, DALÍ
Mag auch die Figur vor seinem Museum in Figueres an
Hänschen Rosenthal erinnern: Dem Provokateur Salvador Dalí
ging es nie ums breite Publikum

MERIAN | Info >> SEITE 107

>> Titelthemen

Mercedes-Benz – eine Marke von DaimlerChrysler

Jeder Kilometer fühlt sich gut an.

Der Viano. So schön kann ein Van sein.

Egal, wo Sie unterwegs sind, mit dem Viano haben Sie die schöne Aussicht immer schon dabei: Sein Cockpit mit Multifunktionslenkrad glänzt je nach Ausstattungslinie in Wurzelnuss- oder Silverstone-Optik und fühlt sich dank So touch auch noch schön an. So wird jede Fah

Die Abbildungen können Sonderausstattungen enthalten, die nicht zum serienmäßigen Lieferumfang gehören.

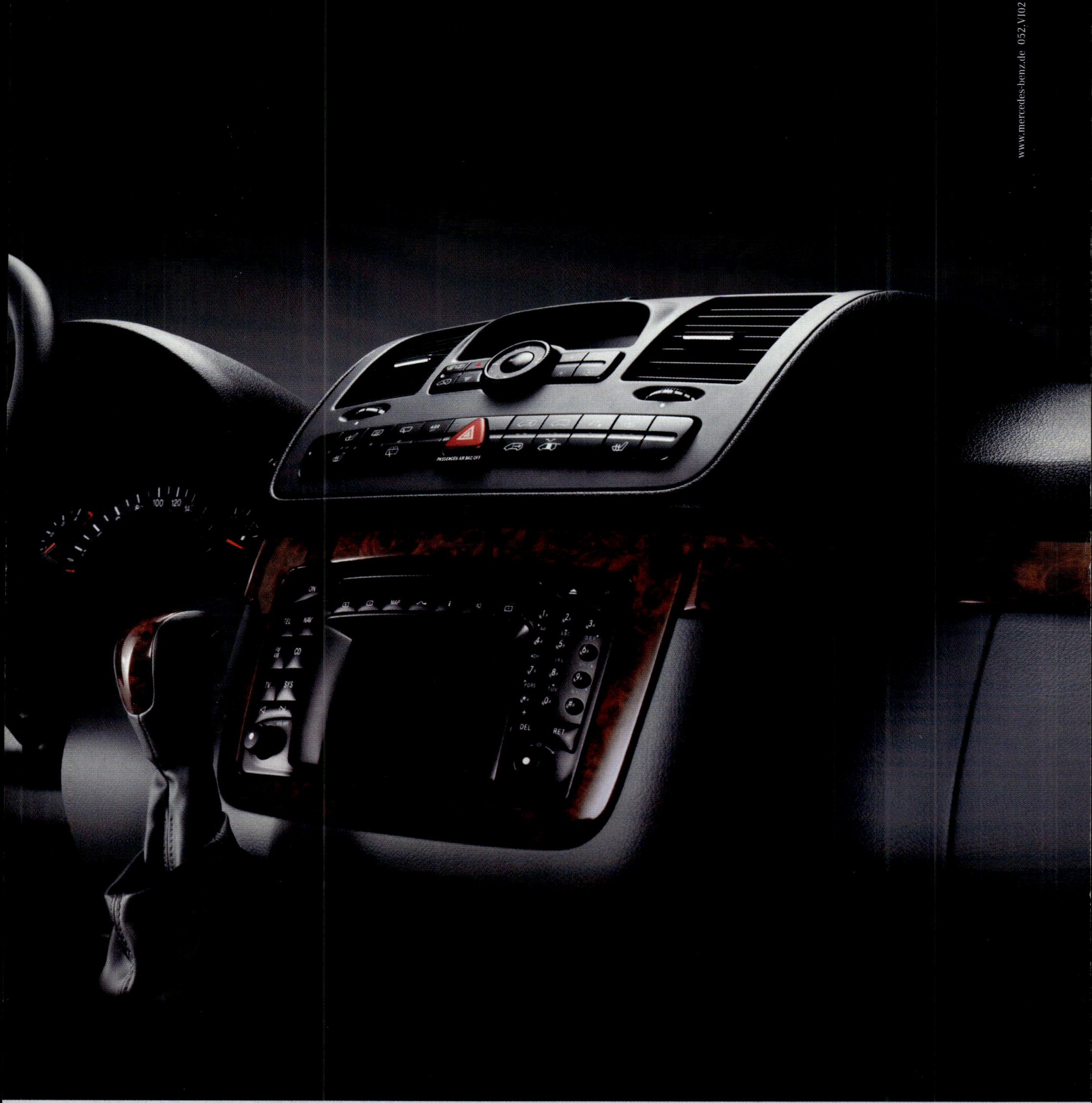
www.mercedes-benz.de 052.V102

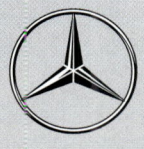

Arbeit und Idyll: als in Tossa de Mar die Frauen noch am Flussufer das Leinen schlugen

um 1930

TOSSA DE MAR Zeit**Sprung**

Tossa war im Mittelalter das einzige befestigte Dorf an der katalanischen Küste. Die turmbewehrte Anlage schützte die Fischer und die königlichen Ländereien vor Sarazenen und Piraten. Im Lauf der Zeit aber fielen die Mauern in Dämmerschlaf. Bis erst die feinen Barceloniner kamen und dann die organisierten Touristen. Seitdem dienen die Türme der Erbauung.

2005

LOTTERIE Sort im **Glück**

1994: eine Tippgemeinschaft aus dem Pyrenäendorf Sort gewinnt 60 Millionen Euro in der staatlichen Lotterie. Ende 1998: Millionengewinn in der Weihnachtslotterie, kurz darauf gewinnt ein Sortaner 25 Millionen Euro. Die Losagentur „Goldene Hexe" an der Hauptstraße ist ständig umlagert, wer will, kann im Internet mitmachen. Übrigens: Sort bedeutet auf Katalanisch „Glück".

www.labruixador.com

1961

1979

1992

2000

Barcelona lebt im Zeitraffer und hat uns seit dem letzten Heft schon lang überholt

VEREHRUNG
Wo **Wagner** wirkt

1955 stieg Enkel Wieland Wagner vom Bayreuther Hügel herab und inszenierte in Barcelona Opas „Walküre". Die Stadt jubelte, denn seit der Katalane Joaquim Marsillach 1883 die erste Wagner-Biographie verfasste, wird der Großmusiker hier mit einer Inbrunst verehrt, die man selbst in Bayreuth oder München nicht findet. Sogar den Palau de la Música Catalana in Barcelona ziert des Meisters Büste.

1000 Reisen und ein Ziel:
Intensiver**leben**

Studiosus-Reisen erweitern vom ersten
Tag an Ihren Blick auf die Welt und schaffen
unvergesslich intensive Eindrücke.

Wählen Sie aus dem größten Studienreise-Angebot
Europas. Erleben Sie über 100 Länder in ihrer ganzen
Vielfalt: Sehenswürdigkeiten und Kultur, Märkte,
Strände und die Menschen.

**Fordern Sie jetzt kostenlos
unsere aktuellen Kataloge an:**

Per Telefon 00 800/24 01 24 01
(Gebührenfrei für D, A und CH)

Oder Internet www.studiosus.com

Studiosus

WEIHNACHTSBRAUCH
Mist**Kerle**

In Katalonien ist anarchisches Veralbern der Mächtigen seit langem Volkssport. Davon bleiben weder Expremier Aznar (der schon gar nicht) noch die Königsfamilie verschont: Man zeigt sie beim Erledigen menschlicher Geschäfte und platziert diese Figuren zu Maria und Esel in die Weihnachtskrippe. Früher sollte der Caganer (Kacker) Glück bringen, heute bringt er hämisches Gelächter.

Zahlenspiel

8 000 000 Urlauber verteilen sich jedes Jahr auf die 200 Kilometer der Costa Brava

120 000 Zuschauer passen ins Camp Nou, das Stadion des FC Barcelona, zweitgrößtes der Welt

30 000 Marokkaner leben in Barcelona – eines von vielen Völkern in der Stadt

9356 Sportler traten bei den Olympischen Spielen bei 257 Wettbewerben an

696 Denkmäler und Skulpturen stehen in Barcelona

60 Meter über dem Hafen streckt der eiserne Kolumbus seine Hand aufs Meer hinaus

1 einziger natürlicher See findet sich in Katalonien. Alles fährt zum Rudern nach Banyoles

VÖLKERWANDERUNG Das **A und O**

Warum heißt es „Katalonien mit o" aber „katalanisch mit a"? Keiner weiß es. Die Legende sagt, das O käme von den Goten, die hier einst herrschten, das A von den Alanen, die ihnen dabei halfen. Das ist abenteuerlich, aber falsch, denn die Alanen (siehe Abb.) wurden von den Goten vertrieben, wie auch die Vandalen, die dann (V)andalusien gründeten. Auch Legende.

EXPORTSCHLAGER Riesen**Eselei**

Katalonien hat die größten Esel der Welt hervorgebracht. Stockmaß 150 Zentimeter und bis zu 450 Kilo schwer. Der Katalanische Riesenesel war im 19. Jh. ein Exportschlager, heute ist er vom Aussterben bedroht. Aber er lebt wieder auf: als Symbol störrischen Widerstands beginnt er den allgegenwärtigen Osborne-Stier zu verdrängen und ziert Autos, T-Shirts und Laken.

DER VOLVO V50.
MEHR KOPFFREIHEIT.

DER VOLVO V50.
GEWINNER DES GOLDENEN
LENKRADS 2004.

VOLVO
for life

BUCHTEN, BERGE, BARCELONA:
COLLAGE CATALÀ

Katalonien bewegt sich: von der Costa Brava in die Schneeberge, von dort in die Millionenstadt, von fernen Zeiten in die Zukunft

Es gibt noch ruhige Buchten an der Costa Brava: Der Küstenweg bei Calella de Palafrugell führt zu ihnen

Die Casa Milà in Barcelona
ist Antoni Gaudís üppigstes
Werk, vom respektlosen
Volk nur Steinbruch genannt

DER STIL EINER
NEUEN ZEIT, IN DER
DIE HÄUSER
WOGEN

MONUMENTE
EINER STADT, IN
DER
EIGENSINN
WALTET

Jugendstil oder Modernisme?
Das „Café Escribà" auf
Barcelonas Rambla bietet
Stilkunde häppchenweise

Kunst oder Zweckbau?
Jean Nouvels Torre Agbar,
der Turm der Wasserwerke
mit seinen 4400 Fenstern,
zeigt: Die Grenzen fließen

Nach Cadaquès wallfahren
alle, die die Abweichlerei
lieben und Salvador Dalí
nah sein wollen. Mick
Jagger kommt regelmäßig

DALÍS HEIMAT
IST WIE EIN BILD
AUS **STEIN UND
STACHELN**

Manche beten gen Himmel, andere klettern: Die Serra de Montgrony beim Kloster Sant Pere ist auch ein berühmtes Climbingrevier

Fotos: Mel Stuart, Bernd Jonkmanns

BAUERN, MÖNCHE UND BERGFEXE:
WO **GIPFEL LOCKEN**

Nicht jeder wandert, mancher bleibt sitzen: am Pyrenäenpfad von Andorra nach Cap de Creus

WASSER, FELDER
UND WÄLDER:
EIN REICHES
LAND

Fruchtbar und voller Seen:
die Pallars Jussà, die sich von
der Serra de Montsec bis zu
den spektakulärsten Schluch-
ten der Pyrenäen erstreckt

Das Kloster Santa Maria de Vallbona ist beseelt vom Geist der Nonnen, die hier seit 800 Jahren lehren und die Liturgie pflegen

Fotos: Arthur Selbach

MEDITERRANER GEIST: WO GLAUBE UND **GÄRTEN BLÜHEN**

Der botanische Garten von Blanes ist beseelt von katalanischer Tradition und erholsam für alle, die vom Lärm Llorets die Nase voll haben

Segne, Santa Eulalia, die dir befohlene Stadt. Und lass uns klaren Kopf bewahren. Außer wenn Barça spielt

VERNUNFT UND BLUTWURST

TEXT: PAUL INGENDAAY

Das sind die Katalanen: stolze Kaufleute, gewitzte Pragmatiker und gnadenlose Fußballfans

Drei oder vier Dinge fassen Katalonien hübsch zusammen: Fleiß, der FC Barcelona, eine Blutwurst, die im Katalanischen *botifarra negra* heißt, und das Debakel von 1714. Diese Katastrophe ist die merkwürdigste Sache überhaupt, die sich von den Katalanen erzählen lässt. Es gibt wohl kaum ein anderes Volk, das mit seinem höchsten Nationalfeiertag, dem 11. September, die schlimmste militärische Niederlage seiner Geschichte feiert.

Seinerzeit, vor fast dreihundert Jahren, gedachte Katalonien im europäischen Konzert der Mächtigen mitzuspielen und gleich ganz Spanien zu katalanisieren. Seine ruhmreiche Geschichte und der hohe Grad an politischer Kultur schienen ihm dazu das Recht zu geben. Doch als der Vertrag von Utrecht (derselbe, der den Engländern Gibraltar zusprach) es anders wollte, zerstoben alle Träume. 40 000 französische und spanische Soldaten rannten im Jahr 1713 gegen kaum 5000 Männer an, die sich in Barcelona verschanzt hatten. Nach 13 Monaten Belagerung nahmen sie die Stadt ein. Die Führer der Katalanen wurden erbarmungslos verfolgt, gefoltert und getötet. Zwölf Jahre, so heißt es, musste die Witwe eines Hingerichteten warten, bis sie ihren Mann beerdigen konnte, so lang wurde dessen abgeschlagener Kopf öffentlich in einem Käfig ausgestellt.

Sich als ewiges Opfer zu fühlen, doch nicht weinerlich, sondern mit melancholischem Stolz davon zu sprechen, ist katalanische Eigenart. Man kann darin das Wirken des Schicksals sehen. Denn einerseits sind die Katalanen das modernste, solideste und arbeitsamste Völkchen auf der Iberischen Halbinsel, erzielen mehr Wohlstand als andere und haben im Allgemeinen auch die besseren Ideen; andererseits

bilden sie, ob sie nun wollen oder nicht, einen Teil des spanischen Staates und werden sich auf absehbare Zeit damit abfinden müssen, dass von den Millionen Katalanen auf der Welt nur sechs Millionen in der Heimat sind.

Wir sind sechs Millionen! Wie oft haben die Katalanen das schon ausgerufen, voll Ärger, unter Seufzen. Es ist ihr Pech, dass auch ihre Bevölkerungszahl nie ausgereicht hat, um einen Staat zu bilden, der es mit Frankreich und Spanien aufnimmt. Und deshalb verlegt Katalonien allen Stolz in seine Sprache und nennt sich grandios „Nation".

Die Sprache macht für Katalanen vielleicht den wichtigsten Unterschied zu Spanien aus, denn sie ist das Schlachtfeld ihrer symbolischen Siege. Dass der spanische Diktator Franco sie mehr als drei Jahrzehnte lang unterdrückte und ihren öffentlichen Gebrauch verbot, hat den Kampf um das Katalanische in eine eminent politische Geste verwandelt. Nichtsahnende Touristen, die mit frisch erlerntem Spanisch nach Barcelona oder Girona kommen, kann das zur Verzweiflung treiben. Verblüfft müssen sie feststellen, dass die Generalitat, die autonome Regionalregierung, die kastilische Landessprache systematisch zurückdrängt und das Katalanische mit teilweise aberwitzig anmutenden Maßnahmen fördert. Dabei sind die Katalanen durchweg zwei-, oft sogar dreisprachig. Aber hier geht es ums Prinzip.

Und hinter dem Prinzip steckt langfristiges Kalkül. Die öffentliche Beschilderung, die Beschriftung in Kunstausstellungen sollen dem Besucher sagen: Du bist in einem anderen Land. Vor einigen Jahren wollte die Regionalregierung den Kinoverleihern vorschreiben, dass wichtige

Filme in katalanischer Synchronisation zu zeigen seien, und der mehr als 20 Jahre regierende Landesvater Jordi Pujol legte sich dafür sogar mit den Mächtigen aus Hollywood an. Bevor das Ganze in einer politischen Peinlichkeit endete, wurde das Vorhaben still zurückgezogen.

Der Kampf um die Kinoquote war ein Lehrstück, das zweierlei offenbarte: wie bitter ernst es den Katalanen mit ihrer Sprache ist und wie zuverlässig am Ende die Vernunft über alle Hitzköpfigkeit siegt. Vernunft nennt man in Katalonien *seny* und gemeint ist damit ein Gemisch aus Nachdenken, Skepsis, Beharrungsvermögen und Ordnungssinn. Wird *seny* kurzzeitig außer Kraft gesetzt, dann herrscht *rauxa*: Sinnenlust, Chaos und emotionaler Überschwang. Wie etwa am 24. Juni, dem Día de Sant Joan.

Dann aber, nach Feuerwerken und großem Besäufnis, kehrt alles brav ins Gleis zurück. Denn Katalanen wahren die Proportionen. Sie sind nicht nur das Volk der Handwerker und Kaufleute, sondern auch geborene Verhandlungsführer. Zu ihren Tugenden zählt man daher den *pactisme*, die Kunst, Verabredungen zu treffen und dauerhafte Bündnisse zu schließen. Vielleicht hat ja die wunderbare katalanische Landschaft die Fähigkeit zum Kompromiss befördert, denn es gibt in dieser großen Region von allem etwas: felsige Küsten, sanfte Strände, Berge, Sümpfe, Seen und Wälder.

Katalane kann werden, wer erstens Katalanisch lernt und zweitens katalanisch empfindet. Es geht nicht um Blut oder Abstammung, sondern das gemeinsame Ideal. Der *catalanisme*, das Identität stiftende Regionalgefühl, das sich gegen Ende des 19. Jahrhunderts in eine kulturelle Bewegung verwandelte, fand im Sport eines

ALLE WOLLEN SEIN, WIE KATALONIEN IST: **JUNG UND REICH**

Mögen die Fremden auch nur Spanisch verstehen: Tossa de Mar bewahrt seinen Glanz

seiner wichtigsten Symbole. Kein Katalane, sondern ein Schweizer namens Hans Gamper, der zu „Joan" Gamper wurde, gründete vor gut hundert Jahren den FC Barcelona. Seitdem spiegelt sich die Rivalität zwischen dem spanischen Zentralstaat und der selbstbewussten Region am Pyrenäenrand auch im Fußballklassiker Real Madrid gegen den FC Barcelona.

Barça, wie der Verein liebevoll genannt wird, ist eine Sache des Gemüts, des Leidens und Triumphierens aufgrund tiefer seelischer Verwurzelung. Und wer den Katalanen die Fußballtreue schwört, sollte es sich vorher gut überlegen, denn man erwartet von ihm, dass es für immer sei. Wie beim holländischen Star Johan Cruyff, der selbstverständlich katalanisch spricht, seinem Sohn den Namen Jordi gab und gleichsam zum Ehrenkatalanen ernannt wurde, weil er für den FC Barcelona – als Spieler und als Trainer – einige der größten Siege gegen den Erzrivalen aus Madrid errungen hatte.

Einen Profi wie Luis Figo dagegen, der die Kaltschnäuzigkeit besaß, für

schnödes Geld von Barcelona nach Madrid zu wechseln, reißt sich die Barça-Anhängerschaft mit Gewalt aus dem Herzen. Tausende blauroter Figo-Trikots gingen vor Jahren in Flammen auf, weil der Portugiese seine katalanische Wahlheimat verraten hatte, und man möchte sich nicht ausmalen, was glühende Fans dem abtrünnigen Spieler antun könnten, wenn er ohne Begleitschutz nach Barcelona käme. Nur *seny*, die katalanische Vernunft, könnte ihn dann retten.

Es ist kein schönes Los, die katalanische Hauptstadt nicht mehr besuchen zu können. Denn sie hält jung, macht fröhlich, und ihr kultureller Reichtum genügt, um dem ausländischen Besucher das katalanische Wesen in den schillerndsten Farben vorzuführen. Wer aus Zentralspanien herüberkommt und noch die kastilische Mischung aus leerer Landschaft, öligem Essen und Bauernschläue vor Augen hat, den umfängt in Barcelona eine mediterrane, durch und durch weltläufige Moderne. Hier saß schon im 14. Jahrhundert eine parlamentarische Regierung. Hier fand die indus-

trielle Revolution Spaniens statt, entstand die erste Bürgerkultur mit einer vernünftigen Stadtplanung, mit dem besten Opernhaus weit und breit und der einzigen künstlerischen Avantgarde auf spanischem Boden, die den Namen verdient.

Dass hier auch der politische Anarchismus weltberühmt wurde und unter Franco die heftigsten Freiheitsbestrebungen am Werk waren, sei nur am Rande erwähnt. Barcelona war stets neugierig, beweglich und liberal. Bevor Picasso endgültig nach Paris ging, war er in Barcelona zu Ruhm gekommen. Und die lange Liste spanischer Künstler des 20. Jahrhunderts – von Dalí über Miró bis Tàpies – zeigt, dass Katalonien die besten Köpfe der Zeit hervorgebracht hat.

Eben weil Modernismus und Jugendstil, die Bauten des genialen Gaudí und die spürbaren Tugenden einer hochdifferenzierten Stadtkultur so einnehmend wirken, vergisst man leicht, dass sie nicht lässiger Genialität, sondern nüchternem Arbeitseifer entspringen. Der Historiker Jaume Vicenç Vives fand vor 50 Jahren sogar, die katalanische Mentalität ähnele der deutschen, mit dem Unterschied, dass den Katalanen das Grüblerische der germanischen Seele abgehe.

Die Sympathie reicht jedenfalls aus, um zwischen Katalonien und Deutschland das Band der Freundschaft zu knüpfen, und es ist nur wenig übertrieben, in den Katalanen die spanischen Schwaben zu erkennen: Garanten für Ordnung, Augenmaß und Organisationsgeschick. Selbst die Sparsamkeit ist vergleichbar und kommt hin und wieder dem Nationalstolz ins Gehege. Oder wem außer den Katalanen würde es einfallen, jene einfache Wurst, die *botifarra*, oder auch einen harmlosen Nachtisch namens *crema catalana* wie überirdische Köstlichkeiten zu behandeln? □

Paul Ingendaay, *geboren 1961, lebt seit 1998 als Kulturkorrespondent der F.A.Z. in Madrid.*

Hello Sunshine. Das New Beetle Cabriolet.

Aus Liebe zum Automobil

PALCOSCENICO SICILIA
EREIGNISSE IN SIZILIEN

MUSIK

LITERATUR

GOETHE ZU ZITIEREN, WENN VON EINER REISE IN SIZILIEN ERZÄHLT WIRD, IST IMMER RICHTIG. „ITALIEN OHNE SIZILIEN MACHT GAR KEIN BILD IN DER SEELE – HIER IST ERST DER SCHLÜSSEL ZU ALLEM". DER BESTE RAT FÜR DEN NEUANKÖMMLING BESTEHT DEMNACH DARIN, JEDES NATURSPEKTAKEL, JEDES MENSCHLICHE VERHALTEN UND ALLE LEBENDIGEN, INTELLIGENTEN, PHANTASIEVOLLEN UND STARKEN FACETTEN AUSZUSPIONIEREN, DIE VON DIESER INSEL MIT IHRER JAHRTAUSENDEALTEN GESCHICHTE VON GEBURT, WACHSTUM HYBRIDISIERUNG, NIEDERGANG – UND WIEDERGEBURT – ZUR DARSTELLUNG GEBRACHT WERDEN.

ES FOLGEN DIE EVENTS, DIE IM MONAT MAI AUF DER BÜHNE SIZILIEN INS SCHEINWERFERLICHT TRETEN WERDEN: IN SYRAKUS STEHEN DIESES JAHR DIE KLASSISCHEN STÜCKE *DIE SIEBEN GEGEN THEBEN* VON AISCHYLOS SOWIE *ANTIGONE* VON SOPHOKLES AUF DEM SPIELPLAN. DES WEITEREN STARTET DIE 89. AUSGABE DES OLDTIMER-AUTORENNENS *TARGA FLORIO*, WÄHREND PALAZZOLO ACREIDE DAS *INTERNATIONALE JUGENDFESTIVAL FÜR KLASSISCHES THEATER* BEHERBERGT. IN SYRAKUS EHRT DAS NATIONALE INSTITUT FÜR ANTIKES DRAMA ZWEI GROßE DARSTELLER DES GRIECHISCHEN THEATERS MIT EINER RETROSPEKTIVE: GASSMAN UND ZARESCHI. IN MONDELLO BIETET DAS *WORLD FESTIVAL ON THE BEACH* DIE WELTMEISTERSCHAFTEN IM WINDSURFEN SOWIE GELEGENHEITEN ZUR BEGEGNUNG MIT DEN STARS DES AMERICA'S CUP.

IN DER KIRCHE DEL CARMINE IN TAORMINA WIRD EINE AUSSTELLUNG ÜBER DEN *FUTURISMUS IN SIZILIEN* ERÖFFNET, WÄHREND DER GARTEN DER VILLA TASCA AUS DEM 18. JAHRHUNDERT MIT DEM FESTIVAL *NATUR ZWISCHEN GRÜN UND KULTUR* IN PALERMO SEINE TORE ÖFFNET. IN NOTO ERBLÜHT DER BAROCKFRÜHLING *PRIMAVERA BAROCCA* MIT DEN BERÜHMTEN, INFIORATA GENANNTEN, BLUMENTEPPICHEN, UND IN SCICLI WIRD DIE *MADONNA DELLE MILIZIE* GEFEIERT. WEITERE VERANSTALTUNGSTERMINE: AUF DER MITTELALTERLICHEN BURG VON BROLO IN DER PROVINZ VON MESSINA

THEATER

BEGINNEN DIE VERANSTALTUNGEN IM RAHMEN DER *MEDIEVALIA*; TINDARI UND TAORMINA BEHERBERGEN DAS FESTIVAL *THEATER DER BEIDEN MEERE* MIT *ALKESTIS* VON EURIPIDES UND *AGAMEMNON* VON SENECA; IN CASTELTERMINI IN DER PROVINZ VON AGRIGENT KEHRT DIE *SAGRA DEL TATARATÀ* WIEDER UND DIE OLDTIMER DER *SIZILIENTOUR* ZIEHEN DURCH DIE STRAßEN SIZILIENS.

MIT NEUGIER IM GEPÄCK REISEN

SYRAKUS

BEI DEM NAMEN **PACHINO** KOMMEN SOFORT DIE BESONDERS SCHMACKHAFTEN KLEINEN COCKTAIL-TOMATEN IN DEN SINN. EIGENTLICH SELTSAM, DENN DER NAME KOMMT VOM GRIECHISCHEN *PAKÙS*, DAS GROß HEIßT. IN DER UMGEBUNG DIESER STADT MIT IHREN TAUSENDEN VON GEWÄCHSHÄUSERN BEFINDET SICH BEI MARZAMEMI EINE LEGENDÄRE GROTTE NAMENS CALAFARINA, WELCHE BEREITS IM BRONZEZEITALTER BEWOHNT WAR: DER ÜBERLIEFERUNG NACH SOLL DORT AUCH EIN SCHATZ VERSTECKT SEIN, DEN DIE ARABER AUF DER FLUCHT VOR DEN NORMANNEN NACH DEM JAHR TAUSEND ZURÜCKLIEßEN.

PALERMO

MIT SEINEN 4000 HEKTAR STELLT DER WALD NAMENS **BOSCO DELLA FICUZZA** EINE DER „GRÜNEN LUNGEN" SIZILIENS DAR.
DER **PARCO DELLE MADONIE** UMFASST EINIGE GEMEINDEN ANTIKEN URSPRUNGS UND WIRD DURCH EINE AUSGESPROCHEN HETEROGENE LANDSCHAFT GEPRÄGT, DIE VOM MEERESSTRAND BIS ZU VERSCHNEITEN BERGGIPFELN REICHT: EINE UMGEBUNG VOLLER LANDSCHAFTS- UND NATURSCHÄTZE.

AGRIGENT

NACH DREI JAHRHUNDERTEN KANN MAN IN **PALMA DI MONTECHIARO** IMMER NOCH DIE „MANDORLATI DEL GATTOPARDO" ERWERBEN, EINE GEBÄCKART NACH JAHRHUNDERTEALTEN REZEPTEN DES BENEDIKTINERKLOSTERS ZUM HEILIGEN ROSENKRANZ, DAS 1657 DURCH DIE HERZOGE VON LAMPEDUSA GEGRÜNDET WURDE. BEIM KLOSTER ANGELANGT, LOHNT SICH EINE BESICHTIGUNG DER ANGRENZENDEN KIRCHE IM BAROCKSTIL.

www.regione.sicilia.it

Zauberin
und Model

Eitel und selbstbewusst ist Kataloniens Hauptstadt und sie übertreibt maßlos. Aber selbst wenn sie über alle Ziele hinausschießt: Barcelona gewinnt immer

Text: Merten Worthmann

Wo die Hafenmeile Port Vell und die Ramblas sich treffen, wacht Kolumbus auf seiner Säule über die hereinbrechende Nacht: Sie wird, wie immer, sehr lang

Foto: Bjorn Göttlicher

Die Jugend der Welt ist älter geworden und joggt im Olympiahafen, den
Frank O. Gehry 1992 mit seinem „Goldenen Fisch" schmückte

Das Meer schafft eine Stimmung, die die Künste wachsen lässt

Wem das Mittelmeer noch nicht reicht, der geht ins
Maremàgnum und schaut die Fische von unten an

Fehlt nur noch der Mondschein: das Paar von Lautaro Diaz
schaut auf das letzte Licht des Tages im Mittelmeerhafen

In der Stadt der architektonischen Wunder hinterließ
Rebecca Horn ihr ganz eigenes Haus am Strand

Die Ramblas sind Laufstege für stolzes Flanieren, beherztes Blickewerfen, Sehen und Gesehenwerden

Nachtleben muss man wörtlich nehmen, auch im Club 13 an der Plaça Reial wird's erst ab Mitternacht bunt

Ein Bürogebäude und ein Hotel: Sie waren einst das höchste Dorf Spaniens, wenn auch ein olympisches

Der späte Abend weckt die Schwärmer, die die Nacht beleben

Wer um zwölf im Restaurant an der Plaça Reial keinen Platz gefunden hat, der kommt eben zur Primetime wieder: nachts um eins

Jede Pleite vermehrt den Ruhm der Stadt

Im Sommer des Jahres 2004 wollte Barcelona die Welt bewegen und hat es nicht geschafft. Es lud die Völker ein zum „Universellen Forum der Kulturen", einem Monster-Event im Maßstab von Olympia oder Expo. Das Festival für Frieden, Umwelt und Multikulti fand auf einem gigantischen Gelände am Meer statt und bot viereinhalb Monate lang Kongresse, Konzerte, Ausstellungen und tausenderlei Dinge mehr. Doch dann kamen nur drei statt der versprochenen fünf Millionen Besucher, im Ausland wurde das Globalereignis kaum wahrgenommen, und die große Verbrüderungs-Botschaft schien vielen Anwesenden zu verwaschen oder überhaupt nur vorgetäuscht. Das Forum war, hart gesagt, ein Reinfall.

Und doch war es ein Erfolg. Nicht unbedingt für den Mann mit der Tageskarte. Aber als strategische Maßnahme. Denn Barcelona hatte, allein durch Willenskraft, eine neue Mammutveranstaltung geschaffen. Dafür waren die Olympischen Spiele von 1992, Sternstunde der jüngsten Stadtgeschichte, das Vorbild: Ein so umwälzendes Ereignis hätte man gern wiederholt. Weil nun aber weder Expo oder Fußball-WM auf absehbare Zeit zu kriegen waren, erfand man das „Universelle Forum der Kulturen". Und glaubte daran. Und schaffte das Geld heran. Und zog die Veranstaltung durch. Das Selbstbewusstsein einer Stadt muss schon ordentlich durchtrainiert sein, um sich ein solches Monumentalmanöver zuzutrauen. Und dieses Selbstbewusstsein hat mit dem mäßigen Erfolg des Forums nicht gelitten. Denn nach dessen Toresschluss blieben ein riesiges Kongresszentrum, ein neu gestalteter Strandgürtel, ein Yachthafen, ein enormes freistehendes Sonnenenergiesegel und ein spektakuläres dreieckiges Gebäude der Schweizer Stararchitekten Herzog & de Meuron übrig. Eine abgehalfterte Zone am Stadtrand war wieder hergerichtet und kann künftig der schillernde Eckstein sein für das nahe gelegene, noch nicht recht ausgewachsene Hightech-Quartier „22@": So hat sich das Forum schließlich gelohnt.

Barcelona trägt seit knapp 100 Jahren den Beinamen „la gran encisera", „die große Zauberin". Der Ausdruck stammt aus einer Ode des katalanischen Dichters Joan Maragall. Der schlägt am Ende seines langen Gedichts vor Scham die Augen nieder angesichts all der Sünden und Eitelkeiten seiner „bösen Stadt" und erliegt ihr dann. Heute erliegt man dem Zauber der Stadt, ohne die Augen niederzuschlagen.

Ihre Schönheit steht außer Frage, aber je näher man ihr kommt, desto klarer wird, dass man es nicht allein mit einer gewissermaßen natürlichen Schönheit zu tun hat, sondern mit einer immer wieder neu erstrittenen. Es gibt wohl kaum eine Stadt, die wie Barcelona auf ihre Posen und ihr Image achtet. Ein ehrgeiziges Model, das mit einem Team persönlicher Agenten einen Schlachtplan für den Weg an die Weltspitze erarbeitete, könnte kaum mehr Register ziehen als Barcelona auf dem Weg in die Herzen von Besuchern – und Bewohnern.

Nicht alle Tricks der großen Zauberin sind sauber, manche durchschaut man schnell, andere sind unerhört in jedem Sinn des Wortes. Aber Barcelonas Überredungskünste, mit oder ohne Magie, mit oder ohne Beifall, erreichen am Ende doch meist ihr Ziel. Die große Zauberin hält sich im Brennpunkt, der Ruf festigt sich, die Kritiker werden schließlich zu einem Teil der Aufführung (noch ein Trick) – und alle, ob Touristen, Durchreisende oder Einwohner, erkennen an, dass dieses Spektakel ihre ungeteilte Aufmerksamkeit verdient.

Wer diese Show über einen gewissen Zeitraum verfolgt, der merkt, dass viele Elemente zu einem einzigen großen Experiment gehören. Es lautet, grob gesprochen: Wie kann man aus Barcelona eine moderne multikulturelle Hipcity machen, die trotzdem das traditionelle katalonische Barcelona bleibt?

Barcelona ist seit gut 100 Jahren eine Stadt voller Einwanderer. Die kamen erst nur aus anderen Teilen Kataloniens, dann vor allem aus Andalusien. Jetzt kommen sie aus allen Teilen der Welt. Das hat zum einen mit Barcelonas olympiagestützter Blitzkarriere unter jungen Hipstern, Studenten und anderen Freizügigen aus der Ersten Welt zu tun, zum anderen ganz einfach mit der Globalisierung. Es sind viele Südamerikaner in der Stadt, Maghrebiner, Schwarzafrikaner, Pakistanis und Chinesen, nicht immer legal, aber immer stärker präsent. Im Raval stoßen Reste des berüchtigten Rotlichtviertels (strichweise bekannt aus Montalbáns Carvalho-Romanen) auf islamische Vereine, russische Telefonshops oder indische Videotheken. Und die angestammten, liebevoll-lieblos eingerichteten Normalkneipen rangeln mit neu eingepassten Designerbars und House-Clubs um das vorherrschende Flair. Eine der beliebtesten Bands der Stadt heißt 08001, nach der Postleitzahl des Raval benannt, und ist das Projekt eines jungen Barceloniner Produzenten mit Musikern aus Argentinien, Marokko, Frankreich oder Guinea-Bissau. Als die Band im Sommer 2004 zum zehnjährigen Geburtstag des Avantgarde-Kulturzentrums CCCB auftrat, musste der algerische Sänger via Videoprojektion und Computer eingespielt werden; seine Aufenthaltserlaubnis war kurz zuvor abgelaufen.

Manchmal wirkt der Raval weiterhin wie das gefährliche Pflaster von gestern, dann wieder scheint der Sieg

Still und verwinkelt: Die Plaça de Sant Felip Neri ist das Herz des Gotischen Viertels

Form und Inhalt: Im Parc Güell schuf Antoni Gaudí unter anderen diese Gebäude. Sie sollten, man glaubt es kaum, Büros beherbergen

Jungs, kommt bald wieder: Der Parc de la Ciutadella lockt junge Seefahrer hinaus

Brettauf, treppab: bewegter Zeitgenosse vor dem Museum für zeitgenössische Kunst im Raval

Ob Sellerie, Blutwurst oder Melone: Beim Wochenmarkt auf den Ramblas zeigt das Hinterland Barcelonas, was es kann: blühen, Früchte bringen und Großstädter üppig ernähren

der sozialen Aufwertung durch Verteuerung unmittelbar bevorzustehen. Für die Rambla del Raval, den breiten, palmengesäumten Flanierstreifen des Viertels, ließ die Stadt 2001 einen kompletten Straßenzug abreißen. Jetzt kommt die multikulturelle Nachbarschaft hierher zum Luftholen. Nebenan wird das erste Viersterne-Hotel des Viertels hochgezogen. An eine nahe Hauswand ist das Graffitti gesprüht: „Einwohner raus – euer Leben ist nicht mehr rentabel."

A Am anderen Ende der Altstadt, im Born, hat sich inzwischen die poliertere Kulturfusion entfaltet, mit Galerien, Trendboutiquen, frisch frisierten Restaurants und viel Ethno-Geschenkkultur, alles eingefasst von den massiven Quadern vergangener Jahrhunderte und dominiert von der gotischen Kathedrale Santa Maria del Mar. Macht man nun noch einen großen Schritt über den Parc de la Ciutadella hinweg, dann landet man im Poble Nou, einem ehemali-

gen Industriebezirk am Meer, der jüngst neu formatiert wurde zum erwähnten Hightech-Distrikt 22@. Die Netzkreativen der neuen Zeit richten dort hoffentlich einige der alten Firmengebäude aus dem 19. Jahrhundert wieder her, so wie Javier Mariscal, der Zeichner des Olympia-Maskottchens von 92, dessen Grafikstudio hier in einer stillgelegten, von Efeu umrankten Textilfabrik sitzt. Der Boom wird noch ein Weilchen auf sich warten lassen. Aber die Szene fällt bestimmt bald ein, um das Poble Nou in das nächste coole Pflaster zu verwandeln.

Am nordwestlichen Ende des Viertels ragt Barcelonas neuestes Wahrzeichen auf, der Torre Agbar, ein 35-stöckiger Wolkenkratzer, entworfen vom Franzosen Jean Nouvel. Das runde Gebäude, von einem schillernden Muster roter und blauer Metallplatten überzogen, läuft nach oben hin zu wie ein Geschoss oder, nun ja, wie ein Vibrator. Es wird noch immer heftig bespöttelt und kann doch auf Anhieb als das schönste

Hochhaus der Stadt gelten. Herzog & de Meurons Dreieck und Nouvels Patrone sind Barcelonas jüngste architektonische Medaillen. Sie zeigen, dass die Stadt nicht nur ihr ureigenes, prächtiges Jugendstil-Erbe herausputzen will, sondern sich auch gern mit internationalen Stars schmückt.

Das überaus rege Designzentrum FAD hat 2003 eine umfängliche „Route des Designs" in Buchform herausgegeben, mit je 25 Beispielen aus den Bereichen Bar, Restaurant, Laden und Architektur. Darin finden sich ein verspielter Camper-Store oder Frank O. Gehrys riesiger Metallfisch in der Vila Olímpica ebenso wie das klassische Kaffeehaus Schilling oder das Minimal-Retro-Restaurant Melitón. Zu Beginn des Jahres 2005 hat das FAD noch einmal nachgelegt und in einem Strategiedossier vorgeschlagen, Barcelona zu Europas „Hauptstadt des Designs" zu machen. Was anderswo nur wie der Ruf interessierter Kreise klänge, wirkt der großen Zauberin gegenüber wie ein folgerichtiger Vorschlag. Tatsächlich ist die Stadt bei ihrem Feldzug der Selbstveredelung kaum aufzuhalten. Eine lang andauernde Werbekampagne in eigener Sache rief jahrelang von den Plakatwänden herab: Barcelona posa't guapa! – mach dich schön! Mitmachen gilt dabei nicht unbedingt als Bürgerpflicht, aber auf Dauer entkommt niemand dem Lockruf. Die Werbestrategen aus dem Rathaus haben in den letzten Jahren eine beeindruckende Liste von aufwändigen Werken der Autopromotion drucken lassen.

Die Stadt übertreibt. Sie verschwendet Geld zur Selbstbespiegelung. Sie tut zu viel des Guten. Aber vielleicht gehört auch das dazu, zum magischen Apparat. Denn alle Kampagnen dienen am Ende vor allem einer großen Sensibilisierung des Publikums. Es soll sich dem Zauber der Stadt vollständig öffnen. Es soll nicht nur Gaudí gut finden; das ist leicht. Oder von Mirós Museum schwärmen; nichts leichter als das. Es soll noch auf ganz andere Dinge achten, auf Laternen, auf Straßenschilder, auf die Atmosphäre eines Platzes, auf eine vergessene Skulptur inmitten eines kleinen Parks, auf die

Einschusslöcher an der Barockkirche Sant Felip Neri, auf die Fußabtritte der Huren vor einem Haus an den Ramblas, auf den Marmorbriefkasten am Gebäude des städtischen Archivs. Alles hat Geschichte, fast alles hat Form (also Design), an allem kann sich die Neugier entfachen.

Barcelona betreibt eine faszinierende Mobilmachung, für Einwohner und Gäste zugleich. Die wird nicht einfach vom Planungsstab des Tourismusbüros gesteuert, sondern geht letztlich zurück auf die Jahre nach Francos Tod 1975. Damals suchte die Stadt mit erhitztem Kopf nach ihrer neuen Rolle und musste sich (unter anderem) von mehreren Jahrzehnten unkontrollierten Wildwuchses erholen. Die Katalanen gewannen ihren „nationalen" Stolz zurück und Barcelona wurde zur „Hauptstadt". Für ein paar Jahre herrschte ein viel beschworener gesellschaftlicher Konsens. Der kam im vorolympischen Furor abhanden. Und heute hätte man ihn gern wiederhergestellt – gemeinsam mit den Einwanderern, vor den Augen der Touristen, unter Berücksichtigung der katalanischen Volksseele.

Das ist schwierig. Auch weil die Volksseele eine schwer fassbare Substanz ist. Womöglich gibt es sie gar nicht mehr. Jedenfalls hat sie es im neuen, multikulturellen Barcelona besonders schwer, sich mit klarer Stimme zu artikulieren. Schon werden weniger als die Hälfte aller Gespräche in der Stadt auf *català* geführt. Wo gestern noch eine angestammte Familie die Standards einheimischer Küche anbot, wird heute Sushi zubereitet, und die jungen Katalanen lernen eher Salsa als den hiesigen Volkstanz Sardana – oder belegen Tai-Chi-Workshops.

Und plötzlich erscheint alle Selbstbespiegelung eher wie eine bange Entdeckungsfahrt in die Selbstvergewisserung. Barcelona zeigt sich her und sieht sich an, um aufs Neue zu erfahren: Das bin ich; das habe ich; das kann ich.

Wenn es der großen Zauberin gelingt, ihr Publikum in diesen elektrisierenden Prozess hineinzuziehen, dann könnte tatsächlich eine neue Art Konsens entstehen, ein neuer Lokalpatriotismus, aus lauter Liebe zur eigenen Stadt. ☐

Merthen Worthmann *lebt und arbeitet als freier Journalist in Barcelona.*

MERIAN | Hotel-Tipp

(g 6) Marina View

Das kleine zentral gelegene Bed-&-Breakfast-Hotel von Josep ist noch nicht überlaufen. Hier wird man von der Sonne geweckt, wenn sie über dem Hafen aufgeht. Anschließend kann man mit den feinsten Butter-Croissants aus dem Viertel fürstlich auf dem Zimmer frühstücken und dabei die ersten Segelboote beobachten, die zum Turn auslaufen. Pablo Picasso schaute hier 1917 ziemlich häufig vorbei. Er lebte um die Ecke im Carrer de la Mercè und in diesem Gebäude am Passeig de Colom wohnte damals seine Geliebte in einer Pension: die Tänzerin Olga Koklowa, die er später heiratete. Picasso war von dem Ausblick so begeistert, dass er ihn in seinem Gemälde „Blick auf das Kolumbusdenkmal" verewigte (im Picasso-Museum zu besichtigen). Die Zimmer sind mit schlichten und eleganten Möbeln eingerichtet, für die schönen Blumen sorgt die in der ganzen Stadt berühmte Carolina von der Rambla.
Passeig de Colom, 08002 Barcelona, Tel. 609 20 64 93
info@marinaviewbcn.com, www.marinaviewbcn.com
DZ mit Blick aufs Meer (Maremàgnum und Columbus) 110 €

>> weitere Tipps im Infoteil ab Seite 107

[Verrückt nach Heimat}

Salvador Dalí war ein Kind der Region Empordà. Die Felsen und Strände, die Bäume und Bäche zwischen Figueres, Cadaqués und Púbol waren Quelle seines Schaffens
Text: Verena Carl

Der Genius scheint ihn noch immer umzutreiben in seinem Teatre-Museu, seinem Denkmal und Mausoleum

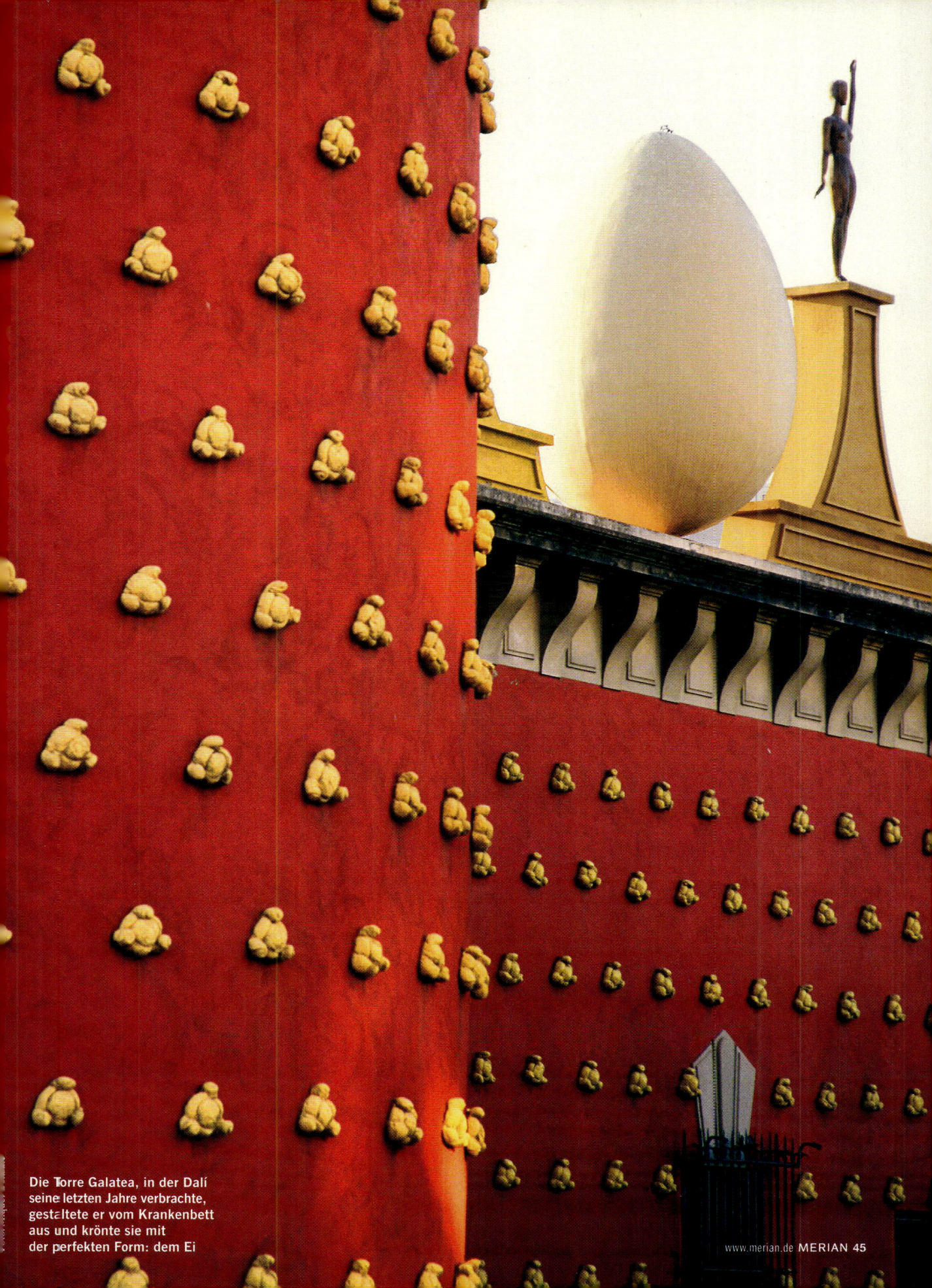

Die Torre Galatea, in der Dalí
seine letzten Jahre verbrachte,
gestaltete er vom Krankenbett
aus und krönte sie mit
der perfekten Form: dem Ei

Unter dem Kuppelsaal seines
Museu und wie von seinem
„Labyrinth" betrauert, liegt Dalí
unter einer anonymen Grabplatte

Auf Felsen wie am Cap de Creus schmelzen Dalís Taschenuhren

„Napoleons Nase": seltsame Welten in schwer barockem Rahmen

Aus Sonnenaufgängen wie in Portlligat entstehen surreale Horizonte

[Dem Genie ein Theater und Grab }

Eines Abends im Jahr 1949 machte der achtjährige Lluís Duran junior sich ernsthaft Sorgen. Der Herr mit dem gezwirbelten Schnurrbart, der da am Ecktisch des väterlichen „Restaurant Duran" in Figueres saß, zückte einfach einen Stift und kritzelte kleine Zeichnungen auf das Tischtuch. Lluís Duran senior blieb erstaunlich cool. „Lass gut sein, das ist ein alter Schulfreund von mir." Und beförderte das Kunstwerk später kurzerhand in die Wäscherei.

Er war schon ein komischer Typ, Senyor Durans alter Schulfreund Salvador Dalí. Warf mit Schüsseln heißer Bohnensuppe um sich, wenn's ihm beim Essen zu langweilig wurde. Dinierte in einer Gesellschaft nackter Schaufensterpuppen, so dass die braven Bürger an den Nachbartischen verschämt in ihre Paella-Pfannen starrten. Verrückt, loco. Oder, wie man auf Katalanisch sagt: „entramuntanat" – nach dem stürmischen Wind Tramuntana, der in den Wintermonaten

Hirne und Herzen durchpustet und so manchen in den Wahnsinn treibt.

Dabei war der Mitbegründer des Surrealismus damals schon ein internationaler Star. Ausstellungen in Pariser Galerien und im New Yorker Museum of Modern Art, sein Foto auf dem Cover des *Time Magazine*. 1948 ist er aus den USA zurückgekommen, um wieder in seiner Heimat zu leben: der Region Empordà, eingekeilt zwischen den Bergketten der Pyrenäen und dem tintenfassblauen Mittelmeer. Eine Landschaft voll sichtbarer Begrenzungen, aus der Dalí als junger Mann erst einmal fliehen musste, um sich selbst zu finden. Und gleichzeitig der Stoff, aus dem Surrealistenträume sind: Dalí und der Empordà gehören zusammen wie Cézanne und die Provence, wie Gauguin und die Südsee. In Cadaqués an der Küste besaß Dalí ein Haus, in seine Geburtsstadt Figueres kam er zum Essen, zum Feiern und Geschäftemachen.

Figueres und Dalí, das ist eine doppelte Erfolgsgeschichte. Hier wurde

er 1904 als Sohn eines Notars geboren, hier besuchte er seine erste Zeichenklasse, schrieb der 24-Jährige im Straßencafé das Buch zu „Un chien andalou", den Film, den er mit Luis Buñuel drehte. Ohne ihren berühmten Sohn wäre die Stadt heute wohl ein unbedeutendes Nest: im Zentrum die Rambla, eine Mini-Ausgabe der Barceloniner Prachtstraße, Frauen mit haarspraybetonierten Helmfrisuren, dunkle Gassen, in denen es nach Ducados-Zigaretten und Putzmitteln riecht. Doch in den siebziger Jahren machte Figueres Dalí und sich selbst ein Geschenk: ein Museum, aufgebaut auf den Ruinen des Stadttheaters.

Wie ein Traumbild thront das Gebäude mit dem Fassadenschmuck aus vergoldeten Eiern, Brotlaiben und pseudo-antiken Götterstatuen mitten in der Altstadt, nur einen Katzensprung von Dalís Taufkirche Sant Pere entfernt. Wer drinnen seine „Greatest Hits" erwartet, wird enttäuscht: Die berühmtesten Bilder hängen in Madrid, Köln oder New York. Dennoch ist ein Drittel des Gesamtwerkes in Figueres ausgestellt, etwa die Rauminstallation nach dem Porträt von Mae West, mit einem roten Sofa als Mund und einem Kamin als Nase. Einzigartig ist das „Teatre-Museu Dalí" aber als Gesamtkunstwerk, als Theater der Erinnerungen. Mit Frühwerken, in denen sich der junge Dalí mit verschiedenen Kunstströmungen auseinandersetzte; späten Bildern, nach dem Tod seiner Frau entstanden, voller Angst und Schmerz. Monster-Skulpturen, die aus ausgedienten Rathausschubladen, Meerestieren von der Küste, Wasserspeiern der Kirche Sant Pere, Steinen und abgesägten Ästen bestehen.

In diesem Spielzimmer verbrachte das ewige Kind die letzten Jahre seines Lebens. Eigentlich wohnte er in der angrenzenden Torre Galatea, einem mittelalterlichen Stadtturm. „Aber manchmal hat er seine Siesta auch in einem der Ausstellungsräume gehalten", erzählt die Museumssprecherin Imma Parada. Und als er eines Tages gar nicht mehr aufstand, behielt man ihn gleich hier: Dalí liegt in seinem eigenen Museum begraben. Auf der früheren Theaterbühne – wo sonst? – ist eine Grabplatte ohne

Namenszug in den Boden eingelassen. Manchmal schlittern Schulkinder auf der glatten Oberfläche herum, ohne zu wissen, wer ihnen da zu Füßen liegt.

Mit einer Million jährlichen Besuchern ist das Museum nach dem Madrider Prado der wichtigste Musentempel Spaniens, außerdem ein Motor für die Souvenirindustrie. Und wenn heute Gäste ins „Restaurant Duran" kommen, dann nicht nur wegen katalanischer Wurst. Sondern auch wegen der Fotos, die den Vater des Wirtes, Lluís Duran senior, mit seinem berühmten Stammgast zeigen. Daneben hängen alte Speisekarten, bedeckt mit Originalzeichnungen. Anders als die Tischdecke waren diese nicht abwaschbar. Glück gehabt.

In Figueres begann und endete Dalís Leben – doch zu großen Teilen fand es in Cadaqués statt, etwa 30 Kilometer östlich am Cap de Creus gelegen. Hier, im Ferienhaus der Familie, verbrachte er malend die Sommer seiner Kindheit, hier traf er 1929 seine Frau und Muse Gala, hier luden die beiden zu Mondscheinpartys am penisförmigen Pool ihres Hauses. Ein altes Schwarzweiß-Porträt zeigt Familie Dalí um 1910 am Strand,

Salvador und seine Schwester Ana María im Matrosen-Look, Mutter im hochgeschlossenen Kleid, Vater im hellen Sommeranzug. Gemeinsam hocken sie auf einem der Felsen, die später den Rahmen für so manche surrealistische Szenerie abgaben – diese Steine mit ihrer Farbpalette zwischen Honig und Blutrot, der Himmel und das Meer sind die heimlichen Hauptdarsteller auf Dalís Bilder-Bühnen. Sie rahmen die zerfließenden Uhren ein, sie umschlingen die „Leda atómica", sie lassen das „Gespenst des Sex-Appeals" plastisch hervortreten. „Alle Felsen des Cap de Creus befinden sich in unaufhörlicher Metamorphose", schreibt Dalí. Alles „ist eine Suggestion, die es erlaubt, sich spontan einen Adler, ein Kamel, einen Hahn, eine Löwen, eine Frau vorzustellen. Ich bin überzeugt, dass ich den lebendigen Kern dieser Landschaft verkörpere."

Cadaqués war Anfang des 20. Jahrhunderts ein besonderer Ort: über eine kleine Bergkette nur mühsam zu erreichen, Heimat eines abenteuerlustigen Menschenschlages, der seinen eigenen Dialekt sprach. 100 Jahre später gibt es längst eine bequeme

Kamin und Sofa hinterm Torbogen: das neu geschaffene und sogleich seltsam zerstörte Gesicht der Mae West im Teatre-Museu

Siechenlager im Museum: das Schlafzimmer in der Torre Galatea   Schräge Figur: selbst entworfenes Denkmal in Cadaqués

Wie durch Zellteilung gewuchert: Dalís Haus in Portlligat

Der Liebsten ein Schloss und Versteck

Passstraße. Aber noch immer gelten die Katalanen von Cadaqués als raubeinige Sturköpfe.

In den zwanziger Jahren wurde der Ort plötzlich eine Anlaufstelle für schräge Gestalten – Künstlertypen aus Madrid und Paris, die sich das surrealistische Wunderkind von nahem anschauen wollten. Salvadors Schwester sah's mit Skepsis. Den Poeten García Lorca, ja, den mochte sie. Der war zwar schwul und unheimlich verliebt in Salvador. Das aber so heimlich, dass Ana María es gut mit ihren moralischen Grundsätzen vereinbaren konnte (falls sie es überhaupt durchschaute). Aber nun auf einmal kam dieser verrückte Regisseur Buñuel und dann dieser obszöne Dichter Paul Éluard – und ausgerechnet dem spannte ihr Bruder die Frau aus, obwohl Gala volle zehn Jahre älter war. „Perverse, zerstörerische Monster" nannte Ana María die Intellektuellenclique und sorgte sich um ihr Cadaqués.

Eine grundlose Sorge. Bis heute ist der Ort eine Ausnahmeerscheinung

an der Urlaubsküste. Wer an der Costa Brava nur Sonne, Sand und Sangría sucht, verirrt sich kaum hierher – Cadaqués hat nämlich keinen Strand, nur einige steinige Badeplätze. Die weiß getünchten Häuschen sehen aus, als wüchsen sie organisch aus dem felsigen Untergrund, in der Bucht dümpeln bunte Boote, und abends verbreiten die von Kerzen erleuchteten Bars einen beinahe weihnachtlichen Glanz auf der Hafenpromenade. Schutzpatron der Kunsthändler, Hotelbesitzer und Wirte ist auch hier „San Salvador": kaum eine Galerie, die nicht einen seiner zahlreichen Epigonen ausstellt, kaum eine Bar, in der nicht ein vergilbtes Foto mit dem berühmten Schnurrbart hängt.

Hauptanziehungspunkt für Besucher ist das ehemalige Wohnhaus der Dalís in der benachbarten Bucht von Portlligat. Aus einer einfachen Fischerkate wurde über viele Jahre hinweg ein Zuhause mit surrealistischem Innenleben. Wie eine Eizelle zum Embryo wird, begann das Haus

des kinderlosen Paares zu wachsen: Jahr für Jahr kauften die beiden Schuppen und Hütten der Nachbarschaft auf und verbanden sie durch Gänge und Korridore zu einem bienenstockartigen Anwesen. Kommt man den Abhang hinunter, tauchen plötzlich Gipsköpfe und riesige weiße Eier aus dem silbrigen Blättermeer eines Olivenhains auf, schließlich die Dächer, auf denen sie stehen, und die Mauer, die das Anwesen umgibt. Die Bucht von Portlligat ist beinahe ganz von Felsen eingeschlossen, und ein wenig wirkt sie wie eine Miniatur-Ausgabe des Empordà: die ganze Landschaft auf einen Blick, von den Bergketten bis zum Ozean. Manchmal aufgewühlt, manchmal still wie ein glatt gezogenes Betttuch, das man einfach so wegziehen könnte. Auch ein Motiv, das Dalí gemalt hat.

Einer, der häufig im Künstlerhaus aus- und einging, ist Joan Vehí. Seit 1952 zimmerte der Schreiner aus Cadaqués Bilderrahmen und Stühle, Kommoden und ein

Bett für Salvador und Gala. Und weil der alte Mann mit der beeindruckend glänzenden Glatze nicht nur mit Säge und Hobel, sondern auch mit der Kamera hervorragend umgehen konnte, hat er dieses andere, private Gesicht auch festgehalten.

In seinem Fotoatelier in der Carrer de l'Església bewahrt er mehrere Kunstlederalben mit überraschenden, seltsam berührenden Aufnahmen auf. Dalí in den Fünfzigern am Strand, ein hart gekochtes Ei essend; Dalí in den Sechzigern im Liegestuhl, eine Blume hinters Ohr gesteckt, die Füße in katalanischen Strohschlappen; Dalí in den Siebzigern, wie er Gala einen herzhaften Kuss auf den Mund gibt – ein Motiv mit Seltenheitswert.

Es war eine große Liebe, zweifellos. Aber auch eine, die Abstand brauchte. Um 1970, Gala war mittlerweile eine alte Dame, wurde ihr der Rummel in Portlligat zu viel. Sie wollte einen Ort, an dem sie ihre Ruhe hatte. Und an dem sie sich, Gerüchten zufolge, mit ihren Liebhabern treffen konnte.

Dalí schenkte ihr die Burg von Púbol, ein verfallenes Gebäude aus dem 14. Jahrhundert. Er ließ es nach ihrem Geschmack einrichten und legte einen surrealistischen Garten im Innenhof an, mit Skulpturen seiner berühmten „Elefanten auf Spinnenbeinen", Brunnen und einem Labyrinth. Auf der Burg verbrachte Gala ihre letzten zehn Lebensjahre, hier musste angeblich selbst ihr Mann sich schriftlich anmelden, wenn er zu Besuch kommen wollte, und hier liegt sie begraben.

Auf der Landkarte bilden Figueres, Cadaqués und Púbol eine spitzwinklige Figur, das so genannte „surrealistische Dreieck". Púbol ist der südlichste Punkt und vielleicht der magischste der drei. Die Landstraßen auf dem Weg sind von Pappeln gesäumt, im Sommer eine grüne Armee, im Winter ein bleiches Geisterheer mit tausenden von Armen. Púbol selbst hat keine hundert Einwohner, ein Ort mit dicken, uralten Steinmauern, schmiedeeisernen Fenstergittern und Gaslaternen.

Nach Galas Tod verließ Dalí Portlligat und lebte noch einige Jahre in Púbol, ehe er in sein Museum nach Figueres zog. Púbol war es auch, wo der Gottvater des Surrealismus 1983 sein letztes Bild malte. „Cua d'oreneta" heißt es, „Schwalbenschwanz", und besteht eigentlich nur aus einem einzigen, dynamischen Strich.

Danach legte er Leinwand und Pinsel für immer weg. Aber in seinem Kopf wird bis zur letzten Minute das surrealistische Orchester weitergespielt haben, zu dessen Takt er durchs Leben tanzte. „Jeden Tag", so heißt es in seiner Autobiographie „Das geheime Leben des Salvador Dalí", „jeden Tag reite ich das Pferd meiner Phantasie bis zum Äußersten."

Und wer ihn besuchen kommt und selbst ein bisschen Phantasie mitbringt, den lässt er aufsteigen und nimmt ihn mit. □

Verena Carl, *Jahrgang 1969, schreibt nicht nur für viele Zeitschriften, sondern auch Gedichte und Romane.*

REC. ☀

Teatre-Museu Dalí, Figueres
Okt.-Juni tgl. außer Mo
10 30-17.45 Uhr,
Jul.-Sept. tgl. 9-19.45 Uhr
Eintritt 10 €
Plaça de Gala i Salvador Dalí,
(I 3) Figueres, Tel. 972 67 75 00
**Casa-Museu Salvador Dalí
Portlligat (K 2)**
tgl. 10.30-18 Uhr, Mitte Juni
bis Mitte Sept. bis 21 Uhr
Eintritt 8 €
Besichtigung nur nach
voreriger Anmeldung, unter
Tel. 972 25 10 15
oder pllgrups@dali-estate.org
**Casa-Museu Castell Gala
Da í, (I 3/4) Púbol**
tgl. außer Mo 10.30-18 Uhr,
Mitte Juni-Mitte Sept. tgl.
10 30-20 Uhr, Eintritt 6 €
Tel. 972 48 86 55
Weitere Informationen zu den

Dalí-Museen: www.dali-
estate.org (auf Katalanisch, Spanisch, Englisch, Französisch)

Lesetipps „Dalís Katalonien"
von Herbert Genzmer, Insel-
Taschenbuch, 10 €: ein litera-
rischer Reiseführer.
rororo-Monographie „Salvador
Dalí" von Linde Salber (8,50 €)
kurze, kompakte Biographie.

Restaurant Duran
Katalanische Spezialitäten
in einem 150 Jahre alten
Familienrestaurant. Dalí und
Gala waren hier Stammgäste.
Carrer Lasauca 5, Figueres
Tel. 972 50 12 50
Restaurant Cap de Creus
Fährt man die Serpentinen-
straße von Cadaqués bis zur
äußersten Spitze des Cap de

Für Gala: Langbeiner
im Schloss Púbol

Creus (ausgeschildert), landet
man beim Leuchtturm und
einem heruntergekommenen
Gebäude mit der Aufschrift
„Restaurant-Bar". Dahinter serviert der Brite Chris Little täglich

ab 12 Uhr leckere Fischge-
richte und eine große Auswahl
an Getränken. Mit atem-
raubendem Blick über Klippen
und Buchten.
Cap de Creus, (K 2) Cadaqués
Tel. 972 19 90 05

Hotel Rocamar
Schlichtes, schönes 3-Sterne-
Hotel, geschmackvoll möbliert,
viele Zimmer mit Blick über
die Bucht von Cadaqués. Hüb-
scher Pool und keine fünf
Minuten zu Fuß ins Zentrum von
Cadaqués. Doppelzimmer
mit Meerblick je nach Saison
zwischen 90 und 176 € für
2 Personen inkl. Frühstück.
Carrer Dr. Bartomeus
Cadaqués
Tel. 972 25 81 50
www.rocamar.com

>> weitere Tipps im Infoteil ab Seite 107

Costa Brava, das heißt Baden, Bier und Bettenburgen.
Brava heißt aber auch tapfer, kühn, wild. Die katalanische
Wasserkante hat ihren schroffen Charme bewahrt
Text: Merten Worthmann, Fotos: Jan Greune

Tapfere Küste
Nicht
kleinzukriegen

Diesseits der mittelalterlichen
Festung Tossa de Mar: ein
kleiner Strand für Einzelgänger
mit Gummiboot. Hinter
den Felsen: Strandhotels für
all inclusive und Yachten

Stilles Wasser, raue Steine

Wo das Hinterland der
Costa Brava aufhört: Still zieht
der Riu Fluvià durch das
mittelalterliche Städtchen Besalú
am Fuße der Pyrenäen

Gehört noch den Fischerbooten: der Strand von Sa Tuna

Dem Meer den Rücken kehren: Rocagrossa gleich hinter Lloret

Autos statt Boote: über der Hafenmauer von Tossa de Mar

Klares Wasser, wilde Wellen

Sonnenuntergang in der Bucht
von Tamariu. Sie erscheint
auf den ersten Blick abgelegen
und verwunschen, ist aber
ebenso erschlossen wie fast
alle Buchten der Costa

Baden bis zum Umfallen: So sollen Ferien sein

Karger Naturpark: auf dem Weg zum Cap de Creus

Calella, wie es immer war: Fischerhäuser statt Hotels

Abgenutzt und ausgetreten? An der
Costa Brava trifft ein kaum bekanntes
Hinterland aufs Mittelmeer

Costa Brava
Hinter der Küste geht's weiter

Vielleicht sollte man sie einfach umbenennen. Sie trägt ihren Namen ja erst seit gut 100 Jahren. Der Schriftsteller Ferran Agulló kam damals auf die Idee, den nördlichen Teil der katalanischen Mittelmeerküste Costa Brava (wilde Küste) zu taufen, des scharfen Windes und der schroffen Felsen wegen. Das klang gut und hat sich bekanntlich durchgesetzt.

Aber langsam gerät auch der Name Costa Brava in die Krise. Er klingt zu sehr nach Massentourismus, nach Bettenburgen, nach überfüllten Stränden und abgefüllten, ungehobelten Deutschen, Briten, Holländern (oder Spaniern), die vor allem wollen, dass tagsüber die Sonne knallt und abends der Alkohol. Wer im August nach Lloret de Mar fährt, nach Roses oder nach Tossa de Mar, um ein Bad in der Menge zu nehmen, der findet alle Gründe für ein abschätziges Urteil. Und doch wäre das leichtfertig und ungerecht. Und es wäre schade, die Costa links liegen zu lassen, nur weil sie vermeintlich verschlissen ist.

Ist sie nicht. Streng genommen mag die Küste zwar nur jener schmale Streifen sein, an dem das Meer aufs Ufer trifft. Aber niemand macht so kleinlich Urlaub. Den Großzügigeren bietet die Costa Brava ein Hinterland, dessen Ebenen vom Alltag zwischen Sonnenöl, Salzwasser und Sangria ungetrübt sind. Und dieses Hinterland beginnt oft schon wenige hundert Meter abseits des Strandes.

Es wirkt ausgeruht und sanft. Es hat das Gröbste hinter sich. Es kehrt seine idyllische Seite hervor, mit einem Patchwork aus Feldern und kleinen Waldstücken, die sich in eleganten Wellen ins Weite ziehen. Um sich darauf einzustimmen, biegt man am besten von der Hauptstraße auf eine Neben-

straße und von der Nebenstraße auf eine vernachlässigte Nebenstraße ab. So gelangt man zum Beispiel von Ullà nach Bellcaire d'Empordà, von Cruïlles nach Monells oder von Sant Jordi Desvalls nach Foixà. Man kreuzt flirrende Pappelhaine, fährt vorbei an hoch aufragenden Schilfrohrhecken, streift Weiden voller Steineichen und durchquert Olivenpflanzungen. Von Foixà fällt der Blick hinab in eine ausgedehnte, vom Landleben gemusterte Ebene, aus der vereinzelte Zypressenalleen hervorragen und hinter der ein halbes Dutzend zart gestaffelte Hügelzüge sich in schwächer werdenden Blautönen am Horizont verlieren. Manche der Einwohner arbeiten noch regelmäßig auf dem Land. Aber für viele dient das familiäre Anwesen mittlerweile hauptsächlich als Rückzugsort zum Wochenende; von Montag bis Freitag wird Geld verdient, wo es Geld zu verdienen gibt, vor allem in Barcelona.

Auch im Landesinneren hat sich das Leben in den vergangenen Jahrzehnten verändert. Nur springt das nicht so ins Auge wie an der Küste. Dort wurden all die neuen Bungalows in all die wilden Hänge hineingebaut, mit großen Fenstern und Terrassentüren, zum Meer hin weit geöffnet, damit das Sonnengeglitzer und die türkisblauen Reflexe bis in den Salon reichen. Diese Urlaubsarchitektur ist dem Baustil zwischen Feld und Weide fast entgegengesetzt. Dort strebt man nicht hinaus ins Freie, sondern verschanzt sich hinter dicken Mauern und winzigen Fenstern.

Weitblick: vom Kloster Sant Pere de Rodes aufs Meer

Ursprünglich stammt die wehrhafte Anlage der Häuser aus einer Zeit, als die Natur noch nicht so sehr zum wochenendlichen Wohlgefallen diente. Da stand ein Teil Vieh mit im Haus, es gab winters keine Heizung und der gefürchtete Wind, die Tramontana, blies von den Pyrenäen her unerbittlich über die Ebene. Auch wurde das Wetter wesentlich argwöhnischer betrachtet, denn es hing ja im Zweifelsfall nicht nur ein Sonnenbrand davon ab, sondern die ganze Ernte. Diese Zeit mag vergangen sein. Aber die Katalanen hängen ihr nach. Denn im Landleben von ehedem und in seinen Bewohnern sehen sie das katalanische Wesen und seine Tugenden verkörpert. Auch deshalb bleiben die alten trutzigen Gehöfte und Stammsitze, wie sie sind. Sie werden höchstens einer liebevollen Rustikalisierung unterworfen. Dann zieht zwar modernste Technik ein, doch die schweren Steinblöcke, aus denen die

Mauern einst gesetzt wurden, bleiben sichtbar. Durch sie zeigt die Tradition ihre Zähne.

Inzwischen sind ganze Orte auf diese Weise herausgeputzt. Fast möchte man sie Großskulpturen nennen. Ob sie wie Pals auf einer Hügelkuppe sitzen oder sich wie Peratallada an einen Bach schmiegen – die Geschlossenheit der gedrungenen Ensembles ist beeindruckend. Mit jedem weiteren Schritt hin zur Aufarbeitung ginge man nun unweigerlich dem Dasein als Museumsdorf entgegen. Dabei kommt es unbedingt darauf an, sich einen ganz heutigen Blick zu erhalten. Nur so lässt sich diese historische Gegend genießen. Dem Land ist die Arbeit noch anzusehen, die es einmal gekostet hat. Jetzt aber ist es zugänglicher geworden. Das spürt man – und stellt die eigene Stimmung darauf ein.

Das ideale Wechselbad wäre ein entspanntes Hin und Her zwischen Strand und Hügelteppich. Denn die Eindrücke ergänzen einander. Am Strand macht man sich zum Spielball der Elemente: von der Sonne gewärmt, vom Wind gestreichelt, vom Meer umspült. Auf dem Land ist man ein Souverän, der den Blick über die Schöpfung gleiten lässt und sieht, dass sie gelungen ist, jedenfalls hier, im gefälligen Umkreis dieser Alleen, Felder, Hügel, Dörfer.

Wer beides genießen will, muss wenigstens von einer Idee Abschied nehmen. Die unentdeckte Bucht, den abseits gelegenen Geheimtipp am Meer gibt es nicht mehr. Nach den nur zu Fuß erreichbaren sind längst auch sämtliche nur vom Wasser aus erreichbaren Strände besetzt worden. Sicher gibt es verschwiegene und marktschreierische Strände, und natürlich heißt eines der Zauberworte auch weiterhin Nebensaison. Aber selbst dann gilt: Einsamkeit ist anderswo.

Wer so weit Bescheid weiß, kann in Ruhe abwägen. Die kleinen Orte Tamariu oder Llafranc mit ihren bescheidenen Buchten sind lauschiger als das benachbarte Calella. Im winzigen Sant Martí d'Empúries stößt der Massiv-Baustil sehr charmant

bis ans lichte Mittelmeer vor. Und auch im weiß getünchten Cadaqués, abgelegener als alle anderen Orte, hält man zäh an der eigenen Atmosphäre fest. Dort oben im Norden, dem Cap de Creus entgegen, sieht das Land noch einmal anders aus, spröder und strenger. Weniger Baum, mehr Fels, ein heftigerer Wind und bizarr gebügelte Tramuntana-Wolken am glasklaren Himmel.

Die anderen, die wirklichen Biotope der Costa Brava dämmern friedlich am Rande der Badezonen dahin und können deshalb im richtigen Augenblick für das große Atemholen gut sein. Die Sümpfe des Empordà, unterhalb von Roses direkt am Strand gelegen, sollten Ende der 70er Jahre mit Apartments für 40 000 Touristen zuzementiert werden. Doch die Proteste,

man glaubt es kaum, wurden erhört. Jetzt paddeln und staken Enten, Störche oder Flamingos durchs Naturschutzgebiet. Professionelle Birdwatcher dürfte das Vogel-Angebot eher langweilen. Wer sich aber ganz ohne Fernglas zur Vorabendstunde in eine der Beobachtungskabinen begibt und durch ein Ausguckfenster im Cinemascope-Format auf die bunte Brut hinabsieht, die dort ungestört ihre Bahnen zieht, der mag einen wahrhaft paradiesischen Moment erleben, auf den er an den nahe gelegenen Menschenständen lange warten müsste. □

Merthen Worthmann schrieb in diesem Heft auch über Barcelona (S. 62). Jan Greune war zum ersten Mal an der Costa Brava und erstaunt, wie viele stille Orte dort immer noch zu finden sind.

MERIAN|TIPP Die kleine Bucht nebenan

(I 5) Tossa de Mar
In Tossa gibt es vier Strände, zwei davon mit Blauer Flagge, die bis zu 60 Meter breit und aus feinem weißen Sand sind. Sehr felsige und schroffe Landschaft. Die Bucht ist stark mit Gebäuden aller Größen bebaut.
In der Nähe gibt es viele weitere Buchten, die zum Teil wenig erschlossen sind:
Im Norden:
Sant Jaume (1,5 km): kleine Bucht, die man sich mit einigen Felsbrocken teilt. Kaum Sand, kein Service.
Futadera (6 km): kleiner, ruhiger Strand. Das sehr flache Wasser lässt alle Meeresfarben leuchten. Kein Service.
Im Süden:
Llevador (3 km): kleiner Sandstrand, ohne steilen Abstieg zu erreichen. Kein Service.
Cala Morisca (5 km): sehr saubere kleine Felsenbucht für höchstens zehn Personen. Kein Service.
www.infotossa.com (englisch)

Die Blaue Flagge wird von der Foundation for Environmental Education (FEE) vergeben, die die ausgezeichneten Orte jährlich kontrolliert. Die Flagge kennzeichnet in erster Linie die Wasserqualität, berücksichtigt aber auch den Umgang mit der Tier- und Pflanzenwelt des Festlandes.

Hier geht's los: Küste über Portbou

(I 5) Lloret de Mar, Platja de Lloret
2 km lang, aber nur 15 m breit ist der Stadtstrand von Lloret. Auch hier weht die Blaue Flagge, aber vor lauter Bars und Shops ist von Umwelt wenig zu sehen. Doch auch hier kann man ausweichen:
Im Norden:
Cala d'en Trons (2 km): kleine felsige Bucht mit kleinem Restaurant. Wenn der Sandstrand voll ist, bieten die Felsen Platz.
Cala Gran (4 km): steiler Abstieg von der Straße nach Cala Canyelles. Unten gibt es etliche flache Felsnasen, auf denen man es sich nach unbequemem Erklimmen bequem machen kann. Kein Service.
Im Süden:
Cala Boadella (3 km): kleine Sandbucht zwischen Felsen und einem Imbiss. Treffpunkt für Nudisten.
www.lloretdemar.net/playas/playas.htm

>> weitere Tipps im Infoteil ab Seite 107

Im Schulterschluss schauen Gironas
Häuser auf den Riu Onyar hinab. Der
hat sie Jahrhunderte mit seinen
Fluten bedrängt, heute ist er gebändigt

Wer nach Girona zurückkehren will, muss der Löwin das Hinterteil küssen. „Girona, venir per tornarhi" ist das Motto der städtischen Fremdenverkehrswerbung. Um es den Touristen leichter zu machen mit dem Küssen des Wahrzeichens, hat man ein Treppchen unter den Allerwertes-

ten der Löwin setzen lassen, denn die klammert sich versteinert an den oberen Teil einer etwa vier Meter hohen Säule.

Da ist die Löwenjagd in der gegenüberliegenden Kirche Sant Feliu weitaus lebendiger, hier wüten wahre Bestien, während unmittelbar darüber eine sanftmütige Susanne sich

zum Bade anschickt – frühimperiale römische und frühchristliche Motive auf zwei von acht Marmorsarkophagen. In ganz Spanien gibt es nichts vergleichbar Meisterhaftes.

Diese Kirche hütet auch die Reliquien des heiligen Narzissus. Er rettete Girona vor den Franzosen. Als sie die Stadt 1286 belagerten, stoben

GIRONA
Mächtig, reich und kunterbunt

Aus der Durchgangsstation ist ein
Schaustück des Städtetourismus geworden: Girona
glänzt im Schein seiner reichen Kultur
Text: Brunhild Seeler-Herzog

Eine von vielen Mauern, die die „Stadt der 1000 Belagerungen" brauchte

Ornamente am Onyar: Das späte Mittelalter zeigte sich schön und schlicht

Es geht hoch her, wenn der Stadtpatron, der heilige Narzissus, gefeiert wird

Myriaden von wild gewordenen Fliegen aus seinem Sarg, attackierten die **Feinde, brachten Tod und Verderben – ein surreales Szenarium, wie Dalí es nicht besser hätte erfinden können.** In dessen Werk ist das Fliegenwunder von Girona denn auch häufig zu finden. Mit seinem Cadillac ist er 1958 an der Plaça del Vi vorgefahren, um in der Casa Carles die Kapläne zu seiner Trauung mit Gala abzuholen.

An der Plaça del Vi kann man immer noch heiraten, hier steht das Rathaus im festgefügten Geflecht von beigegrauen Häusern und Kirchen, großbürgerlichen Stadtpalais mit eleganten gotischen Fenstern und wuchtigen Häusern mit idyllischen Patios, lichtscheuen Mauern und jeder Menge Treppen. Der Höhenunterschied zwischen dem Riu Onyar und der Torre Gironella, dem alten Verteidigungsturm an der höchsten Stelle der Stadt, beträgt 60 Meter. Es gibt die Straße der Fischhandlungen und der Tränken, der Silberschmiede und der Hufschmiede. In der Straße der Händler wird heute mit Kunst gehandelt, an der nächsten Ecke gibt es *carns i embotits*. Die herzhafte Küche der Region ist das Ergebnis unge-

mütlicher Wintertage und langer Umzingelungen, die Girona im Laufe der Geschichte mehrere Stadtmauern und den Ehrentitel „Stadt der 1000 Belagerungen" eingebracht haben.

Irgendwo riecht es nach Wurst und Knoblauch, die Gasse heißt denn auch de les Olles, die Gasse der Kochtöpfe. **Überhaupt, die Gerüche: nach einer Prise klammen Mauerwerks und muffigen Staubs, zum Beispiel.** Der dringt durch die Schuttrutschen, denn in Teilen der Altstadt wird noch immer frenetisch saniert. Vor allem aber durchhaucht konstant der Duft einer köstlichen Mischung aus Süßem und Schokoladigem die Straßen und Gassen. Die Gironiner sind, das zeigen zahllose und immer volle Patisserien, ein Volk von Süßmäulern; vielleicht brauchen sie das gegen die Feuchtigkeit und den Nebel dieser Stadt, die gerade im Winter mehr Melancholisches als Mediterranes hat. Da war es eine gute Idee der Architekten des Mittelalters, die meisten Häuser mit Laubengängen zu versehen, damit man wenigstens trockenen Fußes seinen Besorgungen nachgehen konnte. An der Rambla de la Llibertat, wo man sich trifft, einkauft,

sehen und gesehen werden will, da scheinen einige Laubengänge fast für Zwerge gemacht, so niedrig sind sie, eine Folge der immer neuen Aufschüttungen, um die verheerenden Auswirkungen der Hochwasser des Onyar möglichst in Grenzen zu halten. Josep Pla, einer der bekanntesten katalanischen Schriftsteller, hat dies die gute Stube Gironas genannt. Boutiquen laden zum Flanieren, und in den Cafés kann man zum Glockengeläut pets del bisbe, Bischofsfürze, naschen. **Unter die Gewölbedecke vor dem eleganten Geschäft Le Parisien wurde in den Anfängen der Werbung ein Stadtplan von Paris gemalt, noch ohne Eiffelturm, den gab's noch nicht.**

Die Firma Gustave Eiffel lieferte hingegen die käfigartige Eisenbrücke in Mennigrot aus dem Jahr 1876, eine der vielen Fußgängerbrücken, die den Onyar überspannen und Alt- mit Neustadt verbinden.

In der Neustadt liegt auch der Bahnhof. Durch die Bahntrasse abgetrennt vom Herzen der Stadt verharrt am Riu Ter der Park der Devesa, ein Stadtwald mit 2600 Platanen. An deren Rand, neben dem Messezentrum, entsteht gerade ein Auditorium

für etwa 1450 Personen. In der dritt-
teuersten Stadt Spaniens, die aber auf
eines der höchsten Pro-Kopf-Einkom-
men Europas verweisen kann, wird in
Sachen Kultur nicht gekleckert. Das
städtische Kulturzentrum hat seinen
Sitz im ehemaligen Mercedarierklos-
ter drüben in der Altstadt. Integriert
ist die über 200 Jahre alte städtische
Kunstschule mit Kursen in Bildhauerei,
Malerei, Keramik, und auch die Tradition der 1915 gegründeten königlich-
katalanischen Teppichmanufaktur
wird hier fortgeführt, auf deren historischen Webstühlen Teppiche von
Picasso, Tàpies, Miró und Subirachs
entstanden. „Wir hatten die Wahl,
die ewige Durchgangsstation für Costa-
Brava-Touristen zu bleiben oder
aber auf den Qualitäts- und Kulturtou-
rismus zu setzen", sagt Carme Sais,
Direktorin des städtischen Kulturzen-
trums. Während das Passagierauf-
kommen des Flughafens derzeit etwa
vier Millionen erreicht, gab es für
Touristen noch Anfang der 80er

Jahre wenig Gründe, in der Stadt zu
verweilen, die der aus Girona stammende Dichter Josep Carner schon
1905 „grisa i fosca" genannt hatte.
**Der Bürgerkrieg, der Franquismus,
der Zentralstaat gegen die Katalanität
waren schuld daran** – so jedenfalls
sehen es die meisten Gironiner –, dass
Girona eine „graue und dunkle"
Stadt war, deren vor sich hin modernde
Häuser freudlos auf ihr Spiegelbild
im trüben Onyar starrten, sofern der
Fluss mit seiner Verschmutzung
durch die stinkende nahe Papierfabrik
ein Spiegelbild überhaupt hervor-
brachte. Dann kam die Verfassung, die
Demokratie, Schluss war mit der
kollektiven Lethargie. Man griff zum
Farbtopf und tünchte 1983 in einem
groß angelegten Sanierungsplan drauf-
los, vor Freude erröteten die Häuser
am Onyar oder blühten in Zartrosa auf;
die Fenster, Galerien und Balkone tragen taubenblaue oder mattgrüne Roll-
läden, dazwischen winken zum Trock-
nen aufgehängte Bettlaken und Flag-

gen der katalanistischen Separatisten.
Und spiegeln können die Häuser sich
auch wieder; im blank geputzten Fluss
schwimmen sogar dicke Karpfen,
die Papierfabrik hat das Weite gesucht.

Am Onyar steht auch das Haus von
Rafael Masó i Valentí. Er hat seine
Stadt mit etlichen Jugendstilbauwerken
durchsetzt; die markantesten befin-
den sich nur wenige Gehminuten vom
Bahnhof entfernt. Masó war nicht
nur Architekt, sondern auch Literat.
In seinem Hause gab es auch eine
Druckerei, und bei ihm trafen sich die
Poeten seiner Zeit. Masó selbst hat
Preise bei den „Jocs Florals" gewon-
nen; dieser Wettstreit der Troubadoure
des Mittelalters hat seit 1859 im Zuge
der Renaissance der katalanischen
Sprache wieder seinen festen Platz in
ihrer Literatur bekommen.

Vorläufer war Francesc Eiximenis,
der im 14. Jahrhundert in Girona
geboren wurde, aber weltgewandt zwischen Oxford, Paris und Rom unterwegs war und in Perpignan starb. Er

Treppen führen hinauf und hinab
durch die Altstadt. Das beliebte
„Le Bistrot" ist dennoch keine Absteige

Vor der Kathedrale erscheinen selbst römische Soldaten wie Kanarienvögel

KULTUR ERBLÜHT
wo es klamm und labyrinthisch war

beim Anblick seiner kühnen Konstruktion voller Zweifel an Selbstmord gedacht haben.

Der Call, eines der besterhaltenen und größten Judenviertel Europas, ist ein klammes Labyrinth mit tunnelartigen Gassen und Treppen, flankiert von düsteren Häusern aus klobigem Stein. Assumpció Hosta Rebés, die rührige Direktorin des Museums für jüdische Geschichte, betont die verbindenden Elemente in der fast 600-jährigen gemeinsamen Geschichte von jüdischen und christlichen Bürgern in Girona.

Die ersten Juden hatten sich gegen Ende des 9. Jahrhunderts hier niedergelassen, standen unter persönlichem Schutz der Könige, die sich das teuer bezahlen ließen. Zeitweise lebten in der Aljama bis zu 1000 Juden, zehn Prozent der Bevölkerung, einige brachten es bis zum Gesandten des Königs oder Schatzmeister der Krone von Aragon. Der aus Girona stammende Nachmanides, einer der größten rabbinischen Autoritäten seiner Zeit brachte die jüdische Mystik hier zur Blüte. Die Zeiten änderten sich,

die Juden waren Pressionen und Pogromen ausgesetzt, bis sie 1492 ausgewiesen wurden, sofern sie sich nicht taufen ließen. 500 weitere Jahre sollte es dauern, bis ihre Geschichte und ihre Häuser wieder ausgegraben waren, denn auf diese hatte man neue Häuser und Straßen gebaut.

Wie in einem Buntglasfenster leuchten im Foyer des Museums für jüdische Geschichte zwei grüngewandte Figuren. „Iudei" ist über ihnen zu lesen, es ist die Fotografie eines Ausschnitts des Schöpfungsteppichs aus dem 11. Jahrhundert, der im Museum der Kathedrale gehütet wird. Er allein ist eine Reise nach Girona wert. Man muss es ja nicht so weit kommen lassen wie Clutton, ein Protagonist in W. Somerset Maughams Roman „Der Menschen Hörigkeit". Der hatte genug von Paris und war nach Girona gezogen, weil ihm die Stadt beim Vorbeifahren im Zug gefallen hatte. „Jetzt lebt er dort", schreibt Maugham, „ganz allein." ☐
Brunhild Seeler-Herzog *lebt und schreibt auf Mallorca.*

zerbrach sich in seinem Llibre de les Dones den Kopf darüber, ob Frauen im Himmel wohl zu Männern würden.

Den Frauen an der philologischen Fakultät, die seinen Namen trägt, ist das egal. Die mehr als 10 000 Studentinnen und Studenten der 1991 gegründeten Universität haben Leben in die Stadt gebracht, vor allem donnerstagabends, wenn die Pubs und Discos im Vorort Pedret rufen. Freitagabends fährt man brav nach Hause, das kann irgendwo im Gironès sein. Unter der Woche kehrt die Jugend gern im „L'Arc" gleich bei der Kathedrale ein, dessen Besitzer Lluís Bonaventura einst sagen konnte, sein Café sei das einzige der Welt, das im Patio eine Kathedrale habe.

Sie scheint wirklich omnipräsent, diese Kathedrale, drei mal dreißig majestätische Stufen zählt die zu ihr führende Barocktreppe und ihr gotisches Kirchenschiff ist das breiteste der Welt. Bevor es gebaut wurde, hatten sich allerdings die Architekten und das Domkapitel über fünf Jahrzehnte des 14. Jahrhunderts die Köpfe heiß geredet, ob eine einschiffige Konstruktion überhaupt machbar sei. Schließlich bekam einer der Befürworter, Guillem Bofill, den Auftrag, das Projekt zu übernehmen. Er soll

MERIAN | TIPP Girona kompakt

Geschichte
Zur Römerzeit hieß die Stadt Gerunda. Die Westgoten folgten auf die Römer, 715 kamen die Mauren und 785 Karl der Große. Im 10. Jh. wurde Girona Grafschaft. 1809 trotzte die Stadt sieben Monate der napoleonischen Belagerung. Heute hat Girona 83 000 Einwohner.

El Call
Von der Carrer de la Força geht es in das ehemalige Judenviertel El Call. Seit dem 9. Jh. bestand die jüdische Gemeinde. Im 11. Jh. wurde das Viertel ghettoisiert. 1492 wurden Spaniens Juden zur christlichen Taufe oder Auswanderung gezwungen. **Centre Bonastruc ça Porta, Carrer de la Força 8** *Mo-Sa 10-18 Uhr, im Sommer bis 20 Uhr, So 10-15 Uhr, Eintritt: 2 €*

Kathedrale
Das einschiffige Kircheninnere mit dem größten gotischen Gewölbe ist 51 m lang, 34 m hoch und fast 23 m breit – ohne dass ein Pfeiler es stützen würde. Der Kreuzgang stammt aus dem 12. Jh. Seine Kapitelle sind reich verziert mit biblischen und weltlichen Darstellungen. *Museum: Di-Sa 10-14 und 16-18 (März bis Juni bis 19) Uhr, Juli-Sept. 10-20 Uhr, So 10-14 Uhr, Mo geschl., Eintritt: 3 €*

Museu del Cinema
Tomàs Mallol hatte als Achtjähriger seinen ersten Filmprojektor gebaut. Über die Jahre sammelte er 15 000 Plakate und 7500 Gerätschaften rund um das Thema Film. **Sèquia 1** *Mai-Sept. Di-So 10-20 Uhr, sonst Di-Fr 10-18, Sa 10-20, So 11-15 Uhr; 3 €*

>> weitere Tipps im Infoteil auf Seite 117

Zeugnisvergabe für Manager – täglich am Kiosk.

Schön
gemacht

**Kreative aus aller Welt jetten nach Barcelona und
versammeln sich zum Ideenaustausch. Die besten
aber leben schon hier. Wir haben sie besucht**

Text: Anuschka Seifert
Fotos: Klaus Bossemeyer

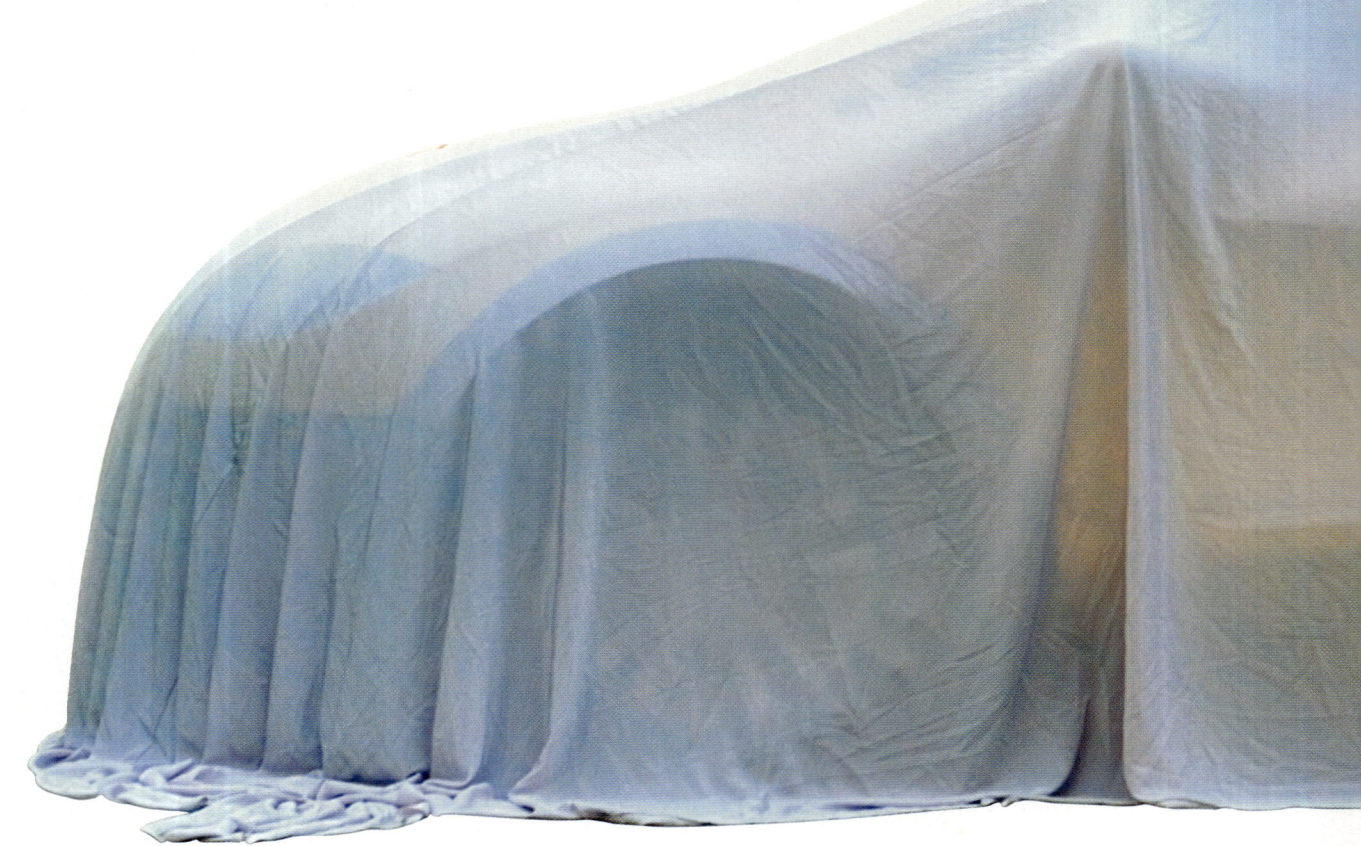

Transparent auf Glas startet
Steve Lewis' neuestes
Geschöpf. Der Salsa des
Chefdesigners von
Seat ist schon in tro-
ckenen Tüchern

Liebevoll kontaktiert Steve Lewis die Form aus Ton. Die lackierte Zukunftsstudie eröffnet ihm neue Aussichten

Martí Guixé

Steve Lewis

„Barcelona ist wie ein großer Karneval, Barcelona hört nie auf, die Welt mit Ideen zu bewerfen." Kein Werbeslogan der Stadtverwaltung: So sehen Designer diese Stadt. Erfinderische Köpfe wie der Konzeptkünstler Martí Guixé, die Modedesignerin Rosa Cortana, der poetische Möbelbauer Carles Riart, die Teppichherstellerin Nani Marquina und der Chefdesigner von Seat, Steve Lewis, tun alles, damit sie und die Stadt in Bewegung bleiben. Hier werden die kommenden Drucker-Generationen einer amerikanischen Firma entworfen und ein japanischer Konzern lässt seine neuen Fernseher stylen und das komplette Corporate Design gleich dazu.

Der Brite Lewis zum Beispiel experimentiert hier am Auto der Zukunft. Er ist für Seat-Modelle wie Altea, Tango und Salsa verantwortlich. Und die werden immer sinnlicher. „Ich beziehe die Struktur des Autos mit Metallflächen, als würde ich Muskeln und Haut mit eleganten Stoffen bekleiden", erklärt der Mann, der von sich behauptet, dass Autos ihn kirre machen. Um Lewis schart sich ein junges Team. Ernst eilt der Chefdesigner in grauem Cordsamtanzug über die Treppenaufgänge. Er reißt die Tür auf, pfeffert seine abgewetzte Ledertasche in die Ecke, tauscht sich hier auf Englisch, da auf Spanisch aus. Sobald er einen Stift in der Hand hält wie ein Maler seinen Pinsel, entspannt sich sein Gesicht, fliegen die Linien über das Papier. Lewis mag das mediterrane Flair, „in dem man sich vorkommt, als gehöre man zu einer großen Familie". Es ist, als arbeite hier eine fröhliche Schar hochkonzentrierter Kinder.

Kein Wunder, dass die Autos aussehen, als wollten sie tanzen und das Leben genießen. Mit Scheinwerfern wie Raubtieraugen und Metallflächen, die zu leben scheinen. „Der Salsa ist ein emotionsgeladener Wagen, der aber auch den Ansprüchen einer Familie gerecht wird", sagt Lewis und streicht über die Rundungen des hinteren Kotflügels. „Wir beweisen, dass das Design emotional sein kann und trotzdem funktionstüchtig. Wie gut gemachte Mode: schön und faszinierend."

Der Mann, der sich als Ex-Designer bezeichnet, weil ihm das, wie er sagt, Freiraum verschafft, drehte seiner Stadt 1993 den Rücken zu. „Barcelona ist wie ein Sofa, auf dem man einschläft und erst am nächsten Morgen wieder aufwacht", sagt Martí Guixé. „Allerdings mit Rückenschmerzen." Er ging nach Berlin und ist erst seit kurzem wieder da: Das Enfant terrible der katalanischen Designer sitzt an einem gigantischen Metalltisch vor dem Computer, den er mit einem Zeichentableau bedient. Er tüftelt gerade leidenschaftlich an einem Projekt, verschmitzt schaut er dabei aus den grünen Augen. Seine Arbeit ist abstrakt und eher in Galerien und Museen zu betrachten als in einem Designer-Shop zu kaufen. „Wenn du eine gute Idee hast", meint er, „ist das Materielle sekundär." Immer wieder geht es bei seinen Arbeiten um Nahrung. Vor kurzem hat er mit „Camper FoodBall" einen Präzedenzfall für eine neue Esskultur geschaffen. Nicht Bar, nicht Restaurant, eine Art Health Food Shop. Die Gäste sitzen auf Matten und schauen auf Fresken mit künstlichen Landschaften. Urbane Nomaden finden das cool. „Wir essen dreimal am Tag und nach wie vor nicht zeitgemäß. Unser Leben ist von Bewegungsfreiheit und Geschwindigkeit geprägt. Ich zeige Wege einer neuen Esskultur auf, zeige, dass es schnell geht und dass man keinen Tisch, keinen Stuhl und keinen Löffel braucht."

Verrückt nach FoodBall: Guixé und sein Konzept-Restaurant

Aufforderung, Literatur mit
Füßen zu treten: Textteppich
nach Joaquim Ruiz

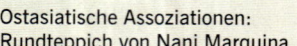
Ostasiatische Assoziationen:
Rundteppich von Nani Marquina

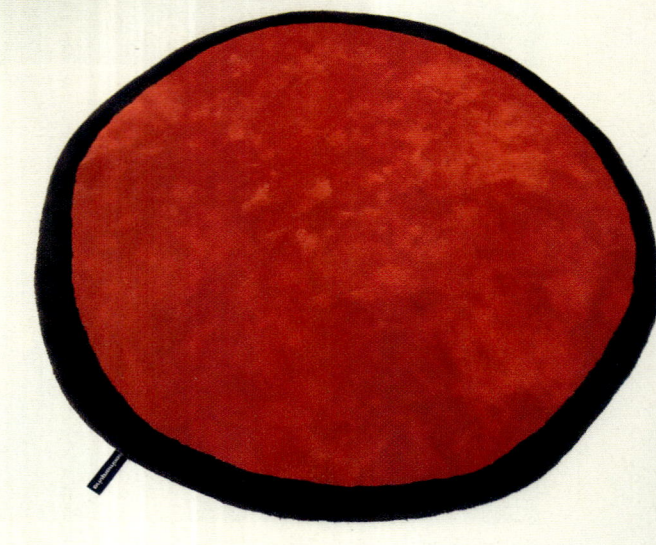

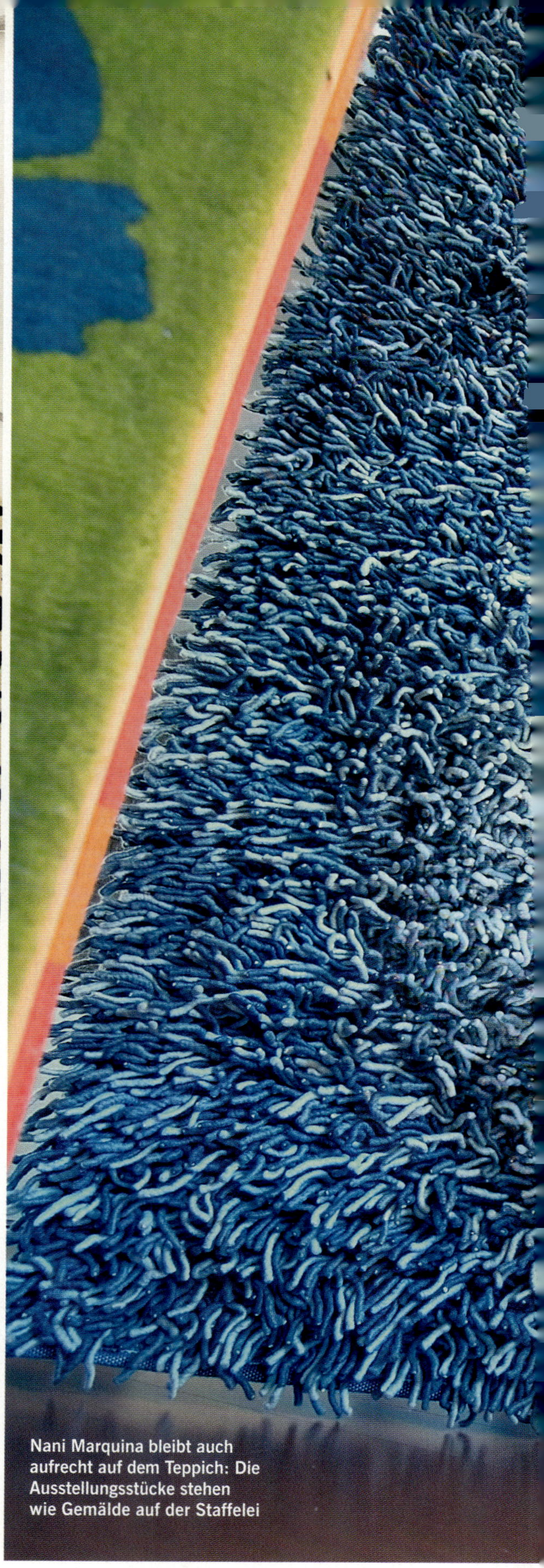

Nani Marquina bleibt auch
aufrecht auf dem Teppich: Die
Ausstellungsstücke stehen
wie Gemälde auf der Staffelei

Nani Marquina

Für die abenteuerlustige Teppichdesignerin Nani Marquina geht es darum, „Funktion und Form in ein ausgewogenes Verhältnis zu bringen, ohne dabei den Humor zu verlieren". Sie spricht nicht nur Seat-Chefdesigner Lewis aus dem Herzen, wenn sie sagt: „Designerphantasie und Industrie müssen miteinander ausgesöhnt werden." Nach den Olympischen Spielen war sie kurz davor, ihr Studio zu schließen, „aber ich habe die Kurve noch bekommen, indem ich mich intensiv mit Unternehmensstrategie beschäftigt habe". Heute werden ihre Teppiche in Barcelona entwickelt, geknüpft jedoch in Marokko und Indien.

„Wir katalanischen Designer haben unseren eigenen Stil, aber wir haben es nicht geschafft, eine Industrie aufzubauen. Wir müssen heute nicht nur mit Mailand, Paris und London konkurrieren, sondern mit der ganzen Welt. Es geht nicht nur um Talent, es geht um Preise und Qualität. Ein knallhartes Geschäft, in dem die Leichtigkeit der Improvisation nicht mithalten kann."

Marquina unterstreicht ihre Worte mit den Händen, die silbernen Armbänder klappern dabei. „Ich bin stolz, dass ich gerade drei Leute eingestellt habe und darauf, dass die indische Teppichfabrik, die für mich arbeitet, heute gut funktioniert. Und weniger stolz auf mein Design", schiebt sie hinterher.

Dabei wurde die elegante Gestalterin für ihren fröhlichen Ideenreichtum weltweit ausgezeichnet. Marquina arbeitet mit Designern wie Mariscal und Sybilla zusammen, scheut sich aber nicht, auch Hitzköpfe wie Ana Mir und Diego Fortunato mit ins Boot zu holen. Sie hat Bodenstoffe aus alten Fahrradschläuchen entworfen und auch die farbenfrohen „Topissimos": knuddelige Wollstoffe, aus denen voluminöse Kreise herausragen, die je nach Lichteinfall den Eindruck von Bewegung vermitteln. Manchmal entstehen ihre Teppiche ganz zufällig: als zum Beispiel Joaquim Ruiz, der die wichtigste Designer-Galerie H_2O in Barcelona führt, mit seinem Romanfragment ankam und die Idee geboren wurde, man könne auf dem Werk auch gehen. „Manuscrit" – so heißt der literarische Teppich – „erinnert uns daran, dass es immer einen Grund gibt, aufzustehen, zu kreieren, zu lachen."

Rosa Cortana

Rosa Cortana erschafft die Welten ihrer Träume für die „Idealfrau, die ich im Kopf habe". Aber auch für die international bekannte Theatergruppe „Els Comediants": So entstehen voluminöse Stoffarrangements sowie zarte Kompositionen aus luftiger Seide. Die grazile Mallorquinerin sieht aus wie eine Fee mit den großen Augen und der gelockten Haarpracht, die sie meist zum Pferdeschwanz zusammengebunden hat. Sie hat in London gearbeitet, in Bangladesch und beim Modeguru Antonio Miró, bevor sie ihre eigenen

Kollektionen entwarf: verspielte Pullover, Schal-Mäntel, Kleider, die sich in Röcke verwandeln lassen, Tüllhosen, die sich wie eine zweite Haut anfühlen.

Cortana spannt interessante Bögen zwischen zeitloser, verspielt jugendlich wirkender und eleganter Mode. „Schon als Kind musste ich zu einer Schneiderin gehen und ihr meine Ideen erzählen, sonst wäre mir der Kopf vor lauter Mode zerplatzt." Für ihr Lieblingsspiel – Verkleiden – bediente sie sich aus dem Schrank ihrer Großmutter.

Solche Kindlichkeit hat sie sich bewahrt: „Ich träume von einer Firma, wo Show, Laufsteg und Saison keine Rolle mehr spielen, sondern das Kleidungsstück an sich. Es ist absurd, dass wir alle sechs Monate unseren Look wechseln. Ich weiß, ich darf solche Dinge nicht sagen. Am liebsten würde ich auf die Insel zurückgehen und dort mit vielen kreativen Frauen in ländlicher Idylle arbeiten." Cortanas Handschrift dagegen ist urban. So bleibt sie auch erst einmal in der „kreativsten Stadt Spaniens".

Rosa Cortana (rechts) im Schaufenster ihres Ladens. Models zeigen ihre verspielten Ideen

Form mit Funktion: Riart präsentiert im Eingang des Königspalastes Pedralbes seinen Stuhl und zeigt, was in ihm steckt

Carles Riart

Stardesigner Carles Riart bezeichnet sich bescheiden als Möbelbauer. Er lebe wie ein Einsiedler, behaupten die, die von einer Party zur nächsten tanzen und imaginäre Paradiese entwerfen, die spätestens dann wieder verschwunden sind, wenn das Licht ausgeht. Und er sei ein Kommerzgegner, der noch immer ausschließlich gestalte, was ihm am Herzen liegt.

Bei klassischer Musik steht er in seinem Studio. Er zeichnet. Am Reißbrett, mit Bleistift. Computer mag er nicht, Mobiltelefone auch nicht, Visitenkarten hat er nie besessen. „Ich bin Autodidakt", sagt der studierte Designer, „es ging mir nie darum, reich zu werden oder berühmt." Erzählend geht er durch das kleine Studio, umgeben von seinen Lieblingsmöbeln wie dem extra großen Bett „Llit Sol", die berühmte Lampe „Colilla" hängt an der Wand und der Prototyp des Sessels „Fernando" steht dort auch: abgewetzt und bequem. „Man sitzt gerade und wird nur an einer Stelle am Rücken sanft angetippt, fast, als würde man dort geküsst."
So sieht Riart seinen Dienst am Menschen. Liebevoll betrachtet er seine Umwelt als die von Menschen, die ein Objekt brauchen. Einige seiner Kreationen stehen mittlerweile im Museum. □

DESIGN: WO UND WANN

(h 6) **Rosa Cortana**
Carrer Flassaders 41, Tel. 933 10 25 89
Mo-So 11-21 Uhr
(g 1) **Carles Riart**
Carrer de Buscarons 14
Tel. 932 11 62 01, www.santacole.com
(f 5) **Martí Guixé**
Camper FoodBall, Carrer d'Elisabets 9
Tel. 932 70 13 63, tgl. 12-23 Uhr
Hier gibt es „Techno-Tapas" (Reis- und andere Bällchen); Guixés Objekte und Bücher finden sich unter www.guixe.com.

Auch seine Bücher über die meta-territoriale Küche oder die Gedanken hinter seinen Entwürfen sind dort beschrieben.
(g 2) **Nani Marquina**
Ihre Teppiche sind im Designerladen Pilma ausgestellt: Av. Diagonal 403 Tel. 934 16 13 99, Mo-Sa 10-14 und 16.30-20.30 Uhr, www.pilma.com
(h 1) **Galeria H₂0**
Joaquim Ruiz eröffnete die Galerie 1989. Internationale Designer stellen hier aus. Die Möbel, die Barba Corsini 1955 für die Lofts der Casa Milá kreierte, hat Ruiz wieder auflegen lassen.

Hier werden auch Martí Guixés berühmter Stuhl „H₂0" oder sein Kinderspiel „Autoband" produziert.
Carrer de Verdi 152, Tel. 934 15 18 01 Di-Fr 16-20, Sa 11-13 Uhr, www.h2o.es
(f 5) **Espai Ras**
Hier finden Ausstellungen statt, die verschiedene Disziplinen verbinden: Grafikdesign, urbane zeitgenössische Kultur, Musik und Architektur. Carrer del Doctor Dou 10, Tel. 934 12 71 99 Di-Sa 13-21, www.actar.es

>> Weitere Tipps auf Seite 124

Santa Clotilde: Hecken-
bögen des Spindelbaumes
sind schwungvolle
Spuren gebändigter Natur

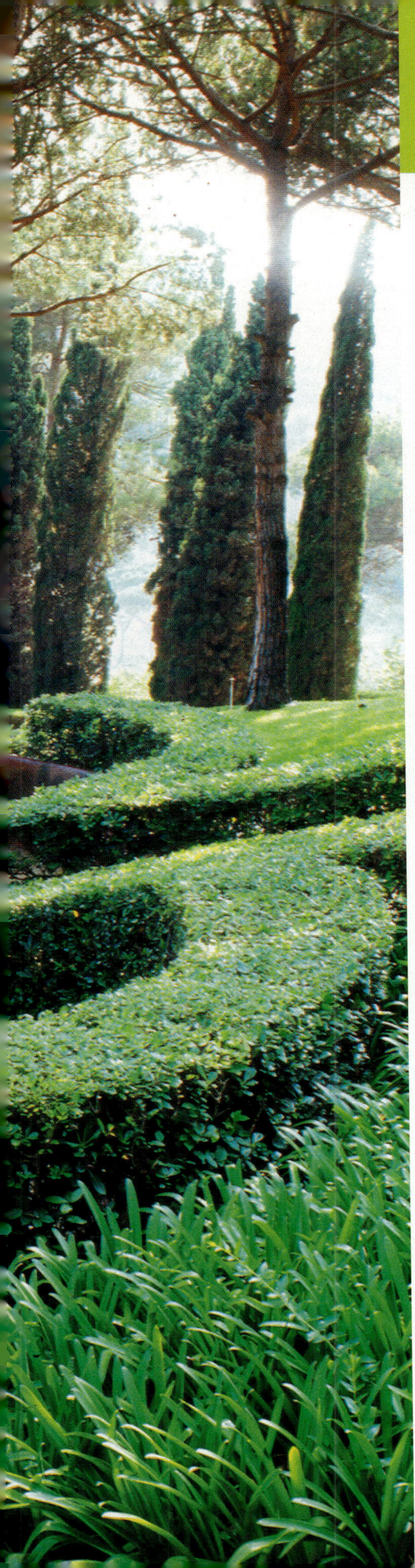

Santa Clotilde: Muscheln und Meerjungfrauen laden zu feucht-sinnlichem Aufstieg

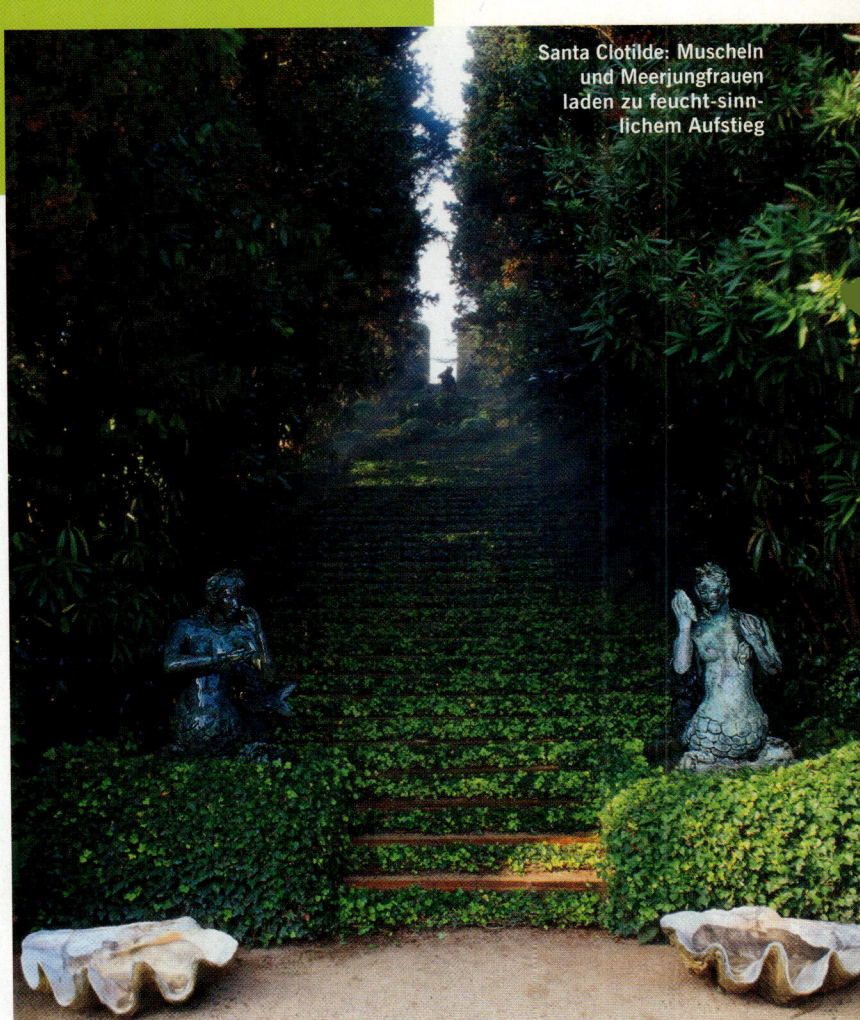

Pflanzen für Philosophen

Die Gärten an Kataloniens Küste sind Ausdruck mediterranen Geistes: gelassene Zivilisiertheit und Form ohne Zwang

Text: Andreas Weber, Fotos: Eduardo Mencos

Das Paradies liegt auf halbem Wege zwischen Himmel und Meer. Ein Felsvorsprung schützt es vor der See, Pinien und Zypressen schirmen seine Pfade gegen die gleißende Sonne, efeubewachsene Stufen dämpfen auf ihnen die Schritte. Kühle Korridore lenken den Blick in die Ferne, vorüber an Statuen aus verblichenem Marmor und aus Bronze, weit hinaus, wo an entfernten Felsen die Wellen zu weißen Schlieren zerrinnen.

Stille regiert die Hänge im Garten von Santa Clotilde. Nur der Wind ist zu hören, wenn er winzige Dinge tut: wenn er an den harten Blättern des Oleanders reibt, in den Piniennadeln wispert, um die Kanten der beschnittenen Zypressen streicht. Ist zu spüren, wenn er den Geruch von Harz und Trockenheit in Stößen die schattigen Treppen hinabtreibt oder mit plötzlichem Schauer Fäden von Süße aus den winzigen Blüten der Pittosporum-Büsche reißt.

An der katalanischen Küste liegen einige der bedeutendsten Gärten Spaniens. Santa Clotilde, Mar i Murtra, Cap Roig – sie alle klammern sich über dem Wasser fest, sind Arenen der Schönheit zwischen Meer und Licht. Zwar hat keine dieser Anlagen Meilensteine der Gestaltung gesetzt wie die großen Parks Italiens, Frankreichs und Englands – aber dennoch sind die katalonischen Gärten einzigartig, Santa Clotilde allen voran: Sie verkörpern das Mediterrane in reiner Essenz. Ihr Zauber entspringt nicht der bahnbrechenden künstlerischen Neuheit, sondern einem Lebensgefühl von seltener Intensität.

Um diese Wirkung zu erzielen, mischen die Gärten Kataloniens wild die künstlerischen Stile, bedienen sich in der italienischen Renaissance wie bei der strengen Formalität des französischen Designs, setzen Pflanzen nebeneinander mehr aus botanischem Interesse als aus ästhetischem Kalkül; oder sie bescheiden sich überhaupt mit einer Hand voll Arten, weil alle Mittel im Dienste eines einzigen Zweckes stehen: die Heiterkeit und Schlichtheit der mediterranen Existenz zu entfalten.

Es war vor allem ein Mann, der zu Beginn des 20. Jahrhunderts diesen katalanischen Gartenstil prägte: Nicolau Rubió i Tudurí. Santa Clotilde, 1919 für den reichen Marquès de Roviralta begonnen, war sein erstes großes Werk, eine programmatische Anlage, die in Blattwerk und Blickachsen seine Auffassung umsetzte, wie ein Garten

Verlassenheit in knisternder Mittagsstille

Mar i Murtra: Meer und Myrte. Und ein klassizistisches Tempelchen zu Ehren des Windes

am Mittelmeer zu sein habe. Bis zum spanischen Bürgerkrieg leitete Rubió i Tudurí das Gartenamt der Stadt Barcelona, entwarf Häuser, Parks, öffentliche Plätze und private Rückzugsecken und hatte viel Zeit, seine Ideen zu verfestigen, Formen auszuprobieren, andere zu verwerfen. Das Buch, das Rubió i Tudurí schließlich schrieb, brachte schon im Titel seine Auffassung auf den Punkt: „Vom Paradies zum lateinischen Garten".

Der lateinische Stil – damit meint der Landschaftsgestalter nicht den Stil der Antike, der sich in den Gärten der italienischen Renaissance wieder findet, mit ihren gereihten Zypressen und strengen Terrassen, versteckten Grotten und dämmernden Pergolen, mit ihren Nymphen und Najaden. Im Jardí de Santa Clotilde stehen die Zypressen wild wie in einem Küstenwald am Hang, vermischt mit Pinien und Oleander, und die Durchblicke, die sie widerstrebend freigeben, verlieren viel von ihrer Spannung durch den wuchernden Unterwuchs.

Es ist diese Aura von Verlassenheit, von leichter Vernachlässigung in knisternder Mittagsstille, die den Zauber des Gartens ausmacht. Seine Magie wäre indes nicht möglich ohne die Spuren von Bändigung, von Zucht und Strenge überall: Auf der Esplanade vor dem Haus wachsen flächig beschnittene Zypressen wie spanische Wände aus einem Boden von Seesand; die kleinen Aussichtspunkte aus Terrakotta und Marmor mit ihren Statuen zitieren das Maß der Antike. Es herrscht eine Atmosphäre von gelassener Zivilisiertheit, von Perfektion ohne Zwang.

Rubió i Tudurí, der beim französischen Neoklassizisten Jean-Claude Nicolas Forestier gelernt hatte, bringt in Santa Clotilde eine Stimmung zur gärtnerischen Entfaltung, die in der ersten Hälfte des 20. Jahrhunderts im gesamten Mittelmeerraum zu spüren war: Künstler und Philosophen träumten angesichts der Krisen der europäischen Zivilisation von einer kulturellen Erneuerung durch den „mediterranen Geist". Zeitschriften wie die *Cahiers du Sud* in Frankreich wurden gegründet, und Albert Camus rief das „mediterrane Denken" aus.

Der Schriftsteller und Denker forderte eine Humanität, die sich weder den konservativen Idealen einer neuen Klassik unterwarf noch die Anarchie akzeptierte, mit der

Das Labyrinth von Horta: Salon, Theater und Lebensraum für Generationen von Marquisen

Casa del Laberinto: Kompositionen aus Glas und Stein, Labyrinthe aus Eiben und blühendem Gamander

In Blätter verästelte Lebensfreude

Existenzialisten wie Jean-Paul Sartre die Menschen dazu aufriefen, sich selbst zu erschaffen. Das „mediterrane Denken" wollte sich nicht von Ideologien kompromittieren lassen, sondern das Maß suchen, Bodenständigkeit wahren, den Ausgleich der Gegensätze aushalten – belohnen sollten dafür die überreich beschenkten Sinne, das Glitzern der See, der Geschmack ihres Salzes, das der trockenen Sträucher in einer, wie Camus sagte, „Hochzeit des Lichts".

In Katalonien bildete sich zu dieser Zeit die Strömung des „Noucentismus": Philosophen, Maler und Bildhauer wie Aristide Maillol brachen mit der Willkür der künstlerischen Avantgarde und suchten ein neues Maß und ein Gleichgewicht der Sinne. Ihre Ideale drückten sie nicht nur in Gemälden, Skulpturen und Gedichten aus, sondern prägten sie, wie Rubió i Tudurí, selbst der Erde als Schöpfung auf: Katalanische Landschaftsgärtner haben die Hochzeit des Lichts, von der Camus sprach, gestaltet.

Sie schufen sie in Santa Clotilde – aber auch an anderen Felsnasen der Küste, wie etwa in Cap Roig. Angezogen vom Künstlerleben an der Costa Brava, ließen sich 1927 der russische Oberst Wojewodsky und seine Lebensgefährtin, die englische Aristokratin Dorothy Wester, an diesem steilen Hang über den Wogen nieder und begannen den kargen Boden zu bepflanzen. Sie setzten Pinien für den Schatten, legten Treppen an, die Terrassen mit kleinen Wasserbassins auf verschiedenen Ebenen verbinden. Heute halten auf den Terrassen dichte Hecken den Pflanzenduft zurück wie die Wände kühler Becken: in sie einzutauchen ist wie ein Bad in einer aromatischen Flüssigkeit. Und unten und weit in der Ferne, als ewiges Gegengewicht, bewegt sich in blauer Gleichmut die See.

Auch Mar i Murtra und Pinya de Rosa, die anderen beiden über der Küste hängenden Gärten, stimmen ein in diese Symphonie aus Stille und Präsenz, aus Transparenz und Ferne: Überall leiten Stufenfluchten aus dem Dunkel hinab in das gleißende Licht, hinab zum Wind und zum Atem des Meeres.

In Mar i Murtra, „Meer und Myrte", legte der Deutsche Karl Faust um 1920 eine Sammlung von Gewächsen aus allen mediterranen Klimaten der Erde an: eine einzigartige Illustration der Zartheit und Heiterkeit dieser Welt. Den Hang hinab ziehen sich Steppendioramen voll namenloser Süße, voll Duft und schlanker Zähigkeit: als wüchse in den aromatischen Blütenpflanzen, in den zarten Holzgewächsen der Subtropen die reine, in Stiele und Blätter verästelte Lebensfreude.

Auch der neue botanische Garten in Barcelona, 1999 eröffnet, hat alle Nuancen katalanischer Intensität aufgenommen. Seine Gärtner und Wissenschaftler sammeln systematisch mediterrane Vegetation – und betten sie in ein modernes Design, das sich in vielen Details von Rubió i Tudurís Entwürfen inspirieren lässt, wie die Landschaftsplanerin Bet Figueras erläutert. Sie hat das Ensemble mit entworfen, hat seine Terrassen in den Hang gestuft, die Wege ersonnen, die den Blick durch Lichtungen und Tunnel in die Ferne leiten, über die Stadt zum Meer.

In den neuesten Entwürfen an der Costa Brava ist die Schlichtheit des mediterranen Lebensgefühls übersetzt in eine extreme Reduktion der Materialien. Im jüngst entstandenen Garten von La Casa del Laberinto, an dem auch Bet Figueras mitgewirkt hat, zitieren schlanke Stelen aus Beton die Pergolen der Renaissance, und die Struktur der Gartenterrassen früherer Zeiten findet sich wieder in der Schichtung von Streifen aus Eiben und Gamander. Vertikale Becken aus Zement wechseln ab mit Zungen von bodendeckendem Grün und stillen Kanälen. An den Rändern geht die sachliche Gestaltung über in zarte Wolken von Gräsern, deren Ähren im Gegenlicht schweben. Wer mit den Händen durch ihr Leuchten fährt, begreift:

Selbst wo der Minimalismus über den Geist der Landschaft triumphiert, zehren die Anlagen noch von deren Kraft, sind die Gegensätze unter der strahlenden Sonne miteinander vermählt.

Das Paradies, so lernen wir in Santa Clotilde, in Cap Roig und den anderen Küstengärten, das Paradies gehört dem Menschen. Hier, umspült vom Seewind, ausgesetzt zwischen hartem Licht und den Schatten der Zypressen, liegt das einzige Königreich dieser Welt jedem zu Füßen, der Sinne hat zu fühlen. Harzduftend, sonnengehärtet, ist es vollkommen irdisch. Wie hatte Camus gesagt: „Im Licht bleibt die Welt unsere erste und letzte Liebe." □

Andreas Weber lebt als freier Autor in Hamburg und schreibt über alles, was wächst und gedeiht.
Eduardo Mencos ist Verfasser des Buches „Verborgene Gärten in Spanien", das im Christian-Verlag erschien.

MERIAN|TIPP Gartenadressen

(I 5) Jardins de Santa Clotilde
Efeuüberwachsene Treppen führen zu klassizistischen Ruheplätzen mit Blick über das Mittelmeer.
Avinguda Santa Clotilde
Lloret de Mar
Nov.-Apr. Sa-So 10-19
Mai-Okt. Di-So 10-20
Uhr, mittags geschl.
Eintritt 3,15 €

(K 4) Jardí Cap Roig
Auf einer kahlen Felsklippe in den 1920er Jahren in wechselnden Stilen angelegt: formal und romantisch.
Calella de Palafrugell
Paratge Cap Roig
tgl. 9-18 Uhr, Apr.-Sept. bis 20 Uhr, Eintritt 3 €

(I 5) Jardí Botànic Mar i Murtra
Angelegt vom Deutschen Karl Faust, um den ursprünglichen Charakter der katalanischen Mittelmeerflora zu zeigen.
Passeig Karl Faust 10
Blanes, Apr.-Okt. tgl. 9-18, Nov.-März Mo-Sa 10-17, So 10-14 Uhr, 4 €

(O 8) Parc Samà
1882 für den Marqués von Marianao im karibischen Stil erbaut.
Zwischen Cambrils und Montbrió, tgl. 10-18
Sommer bis 20.30 Uhr
Eintritt 2,50 €

(b/c 6/7) Jardí Botànic de Barcelona
Einer der wenigen neu angelegten botanischen Gärten weltweit, auf dem Gelände eines alten Steinbruchs im Hügel Montjuïc. Strenges, sehr modernes Design.

Doctor Font i Quer 2
Nov.-März tgl. 10 bis 17 Uhr, April-Okt. Mo-Fr 10-17 Sa, So 10-20 Uhr
Eintritt: 4 €

(I 5) Jardí Botànic Tropical „Pinya de Rosa"
Steinmauern und Kieswege vervielfachen die Hitze in diesem Garten, der für seine Kakteen und Sukkulenten berühmt ist.
Platja de Santa Cristina
Blanes, tgl. 9-16
April-Sept. bis 18 Uhr
Eintritt 3,35 €

(n 2) Jardins del Laberint d'Horta
Der älteste Garten Barcelonas ist in drei Ebenen eingeteilt: zuunterst das Labyrinth, auf der Mitte ein romantischer Garten, zuoberst ein Wasserspiel.
Carrer Germans Desvalls
Metro: Mundet
(Linie 3), tgl. 10 Uhr bis Sonnenuntergang, Eintritt 2 € Mi
So Eintritt frei

(H 5) Casa del Laberinto
Der Garten von Oscar Tusquets ist ein Verwirrspiel der Sinne aus Glas und Stein, Labyrinthen aus Eiben und blühendem Gamander.
Sant Vicenç de Montalt nicht zugänglich

Parc Samà: Kolonialstil aus Kuba und Exoten aus aller Welt, darunter die extrem seltene Wichichintum

>> weitere Tipps im Service-Teil ab Seite 107

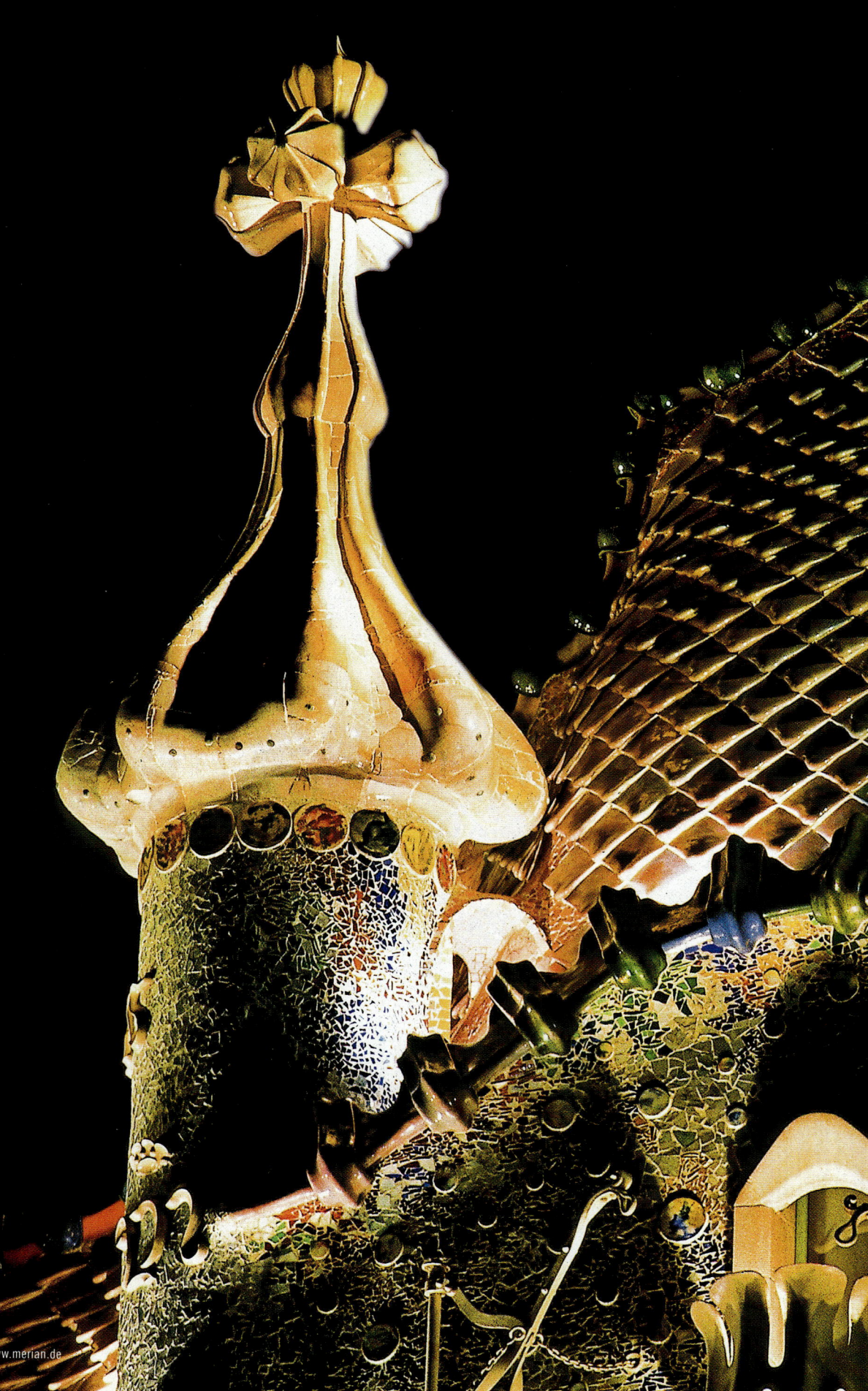

Wo die Steine leben

Text: Barbara Baumgartner

Modernisme war um 1900 der architektonische Stil des Barceloniner Bürgertums. Gaudí und seine Freunde krempelten die Stadt um

Ein Unternehmer ließ seine Casa Batlló von Antoni Gaudí rencvieren und trat eine Lawine los: Wohnbauten waberten wie Wellen

Steingemälde
ad majoram gloriam Gaudí

Ab 1910 widmete sich Gaudí ausschließlich seiner Kathedrale Sagrada Familia und konnte sie nie vollenden: Türme trafen auf Traditionen

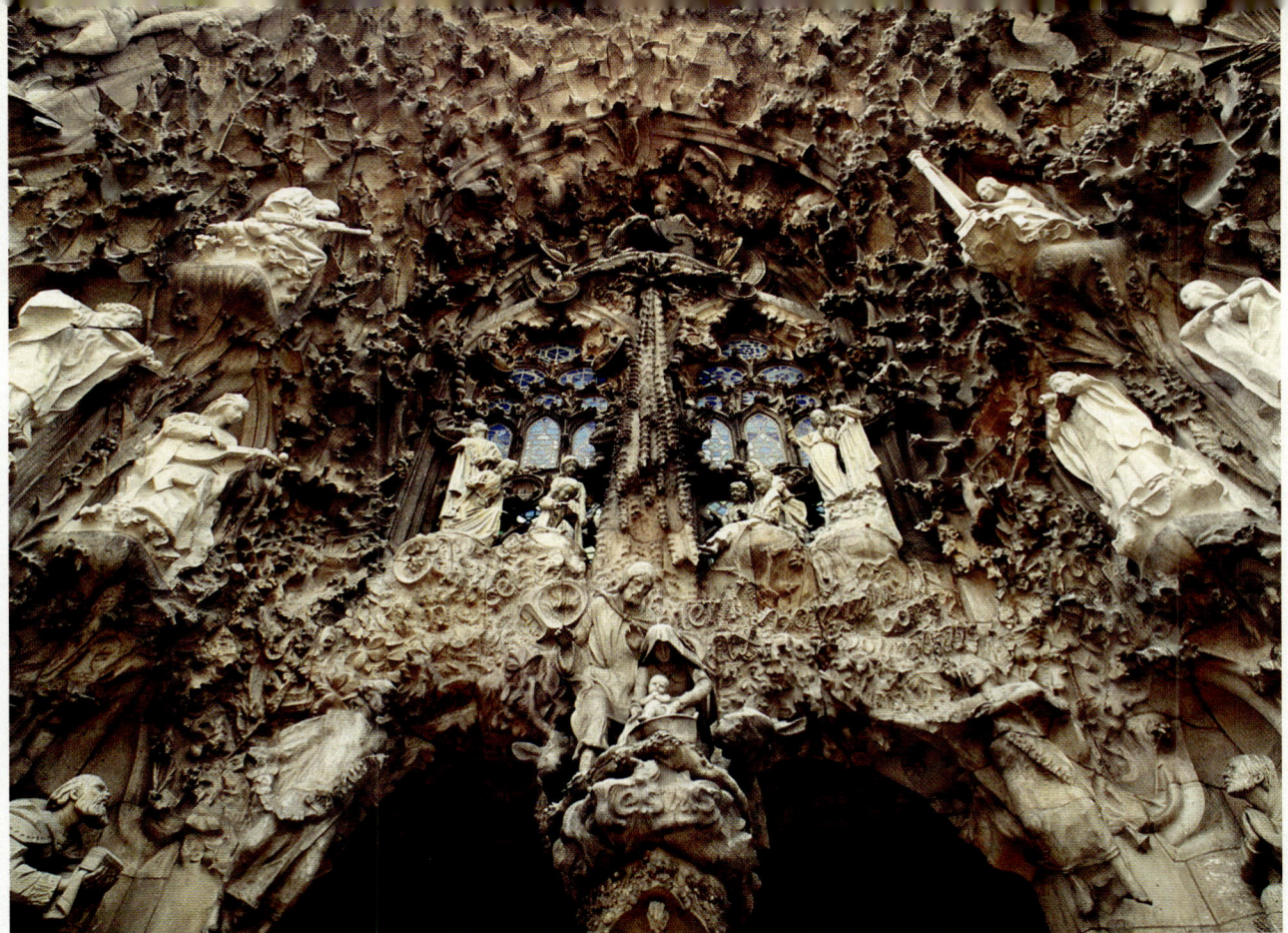

Die **Sagrada Família** ist ein Bauwerk voll rätselhafter Symbolik und althergebrachter Motive: Über dem Zentralpfeiler des Portals wird Jesus geboren, umjubelt von einer Art Kammerorchester. Kaum ein Stein, in den Gaudí und seine diversen Epigonen nicht Bedeutung hineingemeißelt hätten: Freistil formte die Frömmigkeit

D as Haus des Pere Milà ist von Anfang an dafür gedacht, die anderen auszustechen: den Palast der Amatllers, auf dessen Stufengiebel die Keramikfliesen in der Sonne glitzern wie Edelsteine, das Schloss der Familie Terrades, mit runden Türmen und spitzen Giebeln, als sei es aus dem Mittelalter und nördlichen Wäldern in die mediterrane Stadt versetzt worden.

Und vor allem die Casa der Batllós. Die haben 1907 umgebaut und das Ergebnis ist erstaunlich: Die Balkone sehen aus wie Karnevalsmasken, vor eiförmigen Fenstern ziehen Säulen wie Stalaktiten über die sanft geschwungene Fassade, darüber wölbt sich das Dach wie der schuppige Rücken eines Drachen. Das ist jetzt der letzte Schrei in der Stadt.

Das, hat der Bauherr Pere Milà entschieden, gilt es zu übertreffen.

Schon während der Bauzeit, die die Bürokraten der Stadtverwaltung mit vielerlei Einsprüchen vergällen, kur-

sieren wilde Gerüchte. Endlich fällt im Frühling 1909 die Umzäunung – und wie immer man es betrachten mag, das Gebäude, das zum Vorschein kommt, ist einzigartig. Um die Straßenecke des Passeig de Gràcia mit dem Carrer de Provença wogt eine Masse honigfarbenen Sandsteins. Ist das ein Haus? Oder eine steinerne, sanft atmende Lunge, eine phantastische Fahne aus Zement, ein Berg, von Menschenhand gebaut, wie später Experten und Bewunderer schreiben sollten? Der Geist Kataloniens in Stein verwandelt?

Das Volk urteilt, die Casa Milà sehe aus wie ein Steinbruch, und diesen Spitznamen wird das Apartmentgebäude behalten: la Pedrera. Es hat die erste unterirdische Garage Barcelonas und in den Wohnungen ist keine Wand gerade. Einer Bewohnerin, die angesichts dessen nicht so recht weiß, wohin mit ihrem Klavier, rät der Architekt den Wechsel zur Geige. Er hat vor, das

Haus wie einen Sockel mit einer gigantischen Marienstatue zu krönen, doch das wird die Geschichte verhindern. Auf die Frage, wie er denn auf die Form des Gebäudes gekommen sei, sagt er: „Die Griechen würden es heute genauso machen."

Sein Name ist Antoni Gaudí.

Als er den Auftrag für die Casa Milà erhält, ist er schon bekannt für seine Exzentrik, von der das Haus der Batllós ebenso zeugt wie die nicht fertig werdende Kirche der Sagrada Família; doch er ist nur einer aus einer ganzen Schule von Architekten, die im Barcelona der Jahrhundertwende im „neuen Stil" bauen.

M an nennt ihn Modernisme: ein Stil, der sich bei vielen anderen bedient und zugleich stolz aus regionalen Traditionen schöpft; der mit kühnen Experimenten in die Zukunft weist, während er die vergangene Größe Kataloniens beschwört. Seine wichtigs-

Schon 1885 hatte Gaudí den **Palau Güell** für den Textilbaron Güell gebaut. Von außen wirkt das Gebäude eher streng, innen zeigt sich das Modernistische mehr im Ornament als in der Konstruktion. Gaudí waren technische Grenzen gesetzt, aber: Physik fordert die Phantasie

ten Bauten entstehen zwischen 1880 und 1910 und sie spiegeln die Vitalität und den Optimismus der Epoche. Aus Barcelona macht der Modernismus eine andere Stadt.

In den sechziger Jahren würden Blumenkinder zu Gaudís bunten Phantasiegeburten pilgern – sah das alles nicht aus, als sei es unter dem Einfluss bewusstseinserweiternder Substanzen entstanden?

Doch bezahlt hat das architektonische Abenteuer eine neue, einflussreiche Klasse wohlhabender Bürger. Wie Josep Batlló. Auf einer Fotografie sitzt

er im Kreise der Familie, ein Patriarch mit mächtigem Schnurrbart und Stirnglatze, das Kinn der Gattin ist gut gepolstert, der Nachwuchs fein in Matrosenanzügen und Rüschenkleidern. Gent de bé, rechtschaffene Leute.

Es ist tatsächlich nicht leicht, sie sich in diesem schillernden Gebäude vorzustellen, in dem die Räume einen zu umfließen scheinen, mit Membranen an der Stelle von Wänden. Manche Deuter sehen heute in der Casa Batlló eine Beschwörung des Meeres: Kacheln wie Fischhaut, Geländer, die an vom Wasser bewegte Algenbänder erinnern, die Salondecke bildet einen Strudel. Andere behaupten, Turm, Dach und Balkone erzählten die Legende vom heiligen Georg und dem Kampf mit dem Drachen. „Architektur ist das Ordnen von Licht", erklärt Gaudí und: „Farbe ist Leben." In der Casa Batlló lässt er keine Gelegenheit aus, diese Prinzipien umzusetzen.

Josep Batlló ist im Textilgeschäft, wie auch Eusebi Güell, der größte der Barceloniner Mäzene. Seit der Mitte des 19. Jahrhunderts ist Katalonien viertgrößter Baumwollproduzent der

Welt und neben dem Baskenland die einzige industrialisierte Region in Spanien. Doch wie weit fühlt man sich von Spanien entfernt! Diesem rückständigen, parasitären Feudalstaat, der bald auch als Kolonialmacht scheitern sollte. Kataloniens neue Klasse sehnt sich nach Europa. Und inszeniert 1888 den Beitritt: die erste Weltausstellung in Barcelona.

Das Ereignis gibt nicht nur dem bürgerlichen Selbstbewusstsein, sondern auch dem neuen Stil einen kräftigen Schub. Einer der besten Architekten der Zeit, Lluís Domènech i Montaner, baut in weniger als drei Monaten ein Hotel mit 1600 Zimmern – das sofort nach Ende der Ausstellung wieder abgerissen wird. Trotz seiner Flüchtigkeit ist das Gran Hotel Internacional für den jungen Josep Puig i Cadafalch, der mit Gaudí und Domènech das Dreigestirn des Modernismus bildet, „die erste Vision dieses großen Barcelona, für das wir alle arbeiten".

Eine moderne Stadt soll es sein. Und tatsächlich hat sich die seltene Chance ergeben, sie von Grund auf neu zu bauen, auf freiem Feld neben der alten.

Die Casa Milà war der erste Höhepunkt des Modernisme: 1909 wurde das durch und durch neue Apartmenthaus enthüllt. Die einen sahen darin ein sinnliches Wesen, die anderen nur einen Steinbruch: Skulptur stimuliert die Sinne

Experimente,
die den Stein atmen lassen

Der Palast der katalanischen Musik, **Palau de la Música Catalana,** zeigt die wechselvolle Geschichte des Modernisme: 1908 „bestes Gebäude" der Stadt, galt sein überladener Konzertsaal schon bald als „Unfall": Gezeiten des Geschmacks

1854 hat Madrid endlich zugestimmt, die mittelalterlichen Mauern einzureißen, die Barcelona das Leben abschnüren; allein in den 20 Jahren davor ist die Stadt um 40 Prozent gewachsen, nun drängen sich in ihr fast 200 000 Menschen, mit verheerenden Auswirkungen auf Hygiene und Gesundheit.

Den Wettbewerb für die „Erweiterung", auf Katalanisch: Eixample, gewinnt der Ingenieur Ildefons Cerdà i Sunyer, dessen Plan ein Raster aus identischen Quadraten vorsieht.

Entgegen Cerdàs durch und durch egalitären Absichten sollten die schnurgeraden Straßen zur Bühne für die wetteifernde Selbstdarstellung der Bourgeoisie werden. Den Architekten in ihrem Dienst ist dabei die „ewige Monotonie" (Domènech) von Cerdàs Schachbrett so zuwider, dass sie mit jedem ihrer extravaganten Entwürfe einen flammenden Protest verfassen. Bald entsteht um den Passeig de Gràcia ein „goldenes Viereck" (Quadrat d'Or) repräsentativer Residenzen, mit einer klaren Hierarchie der Adressen. Wer sehr reich ist, wohnt direkt an dem

Prachtboulevard. Viele Indianos sind darunter: zurückgekehrte Emigranten, die in Übersee, zum Teil im Sklavenhandel, ihr Geld gemacht haben – Geld in einer Menge, der die anfänglichen Vorbehalte gegen die Emporkömmlinge nicht lange standhalten. Schon die zweite Generation kann es außer im Stammbaum in allem mit den alten Geschlechtern aufnehmen.

Rasant kommt das Zentrum des Eixample in Mode und damit kommt Schwung ins Immobiliengeschäft. Kaum steht ein Haus ein paar Jahre, muss es auch schon wieder einem größeren weichen, wenn der Profit es gebietet. Das Haus, dessen Platz die Casa Milà heute einnimmt, war noch fast neu. Dem Spekulationsfieber fallen sämtliche Ideale Cerdàs zum Opfer: Die Gärten, die er für jedes seiner Gevierte vorgesehen hatte, die strenge Höhenbegrenzung der Gebäude, all das sind in den Augen der katalanischen Händler verschwendete Möglichkeiten.

Nach und nach, während die prominentesten Architekten ihre Aufsehen

erregenden Wohngebäude hinstellen, füllen sich die Straßen ringsum mit der Massenproduktion des Modernismus: Der Stil drückt der ganzen neuen Stadt seinen Stempel auf. In hoher Qualität entstehen tausende Wohnhäuser und Geschäfte; vor allem die prachtvollen Apotheken werden sich erhalten.

In den Wohnungen wächst sich die Passion fürs Dekorative des Öfteren zu opulentem Kitsch aus. Hundert Jahre später ist von diesen Interieurs kaum etwas geblieben, doch Fotos zeigen eine Überfülle der Motive und Symbole, die schwindlig macht. Die Qualität der modernistischen Holz-, Glasund Metallarbeiten aber ist atemraubend. Ihre Pflege beschäftigt ein Heer von Angestellten, über das man selbstverständlich verfügt.

Das Weltbild in den Salons ist konservativ, katholisch – und katalanistisch: Der ökonomische Boom fällt mit einer Renaissance nationalen Bewusstseins zusammen. Was das Großbürgertum betrifft, ist dieses Empfinden nichts, wovor Madrid sich fürchten müsste. Man fühlt sich zwar schlecht behan-

Bejubelt, verachtet und am Ende wieder entdeckt

delt, braucht aber die Protektion Madrids, um sich die ausländische Konkurrenz vom Hals zu halten.

Wer was ist, zeigt die Barceloniner Gesellschaft der Jahrhundertwende am liebsten in der Oper. Das Liceu ist nicht nur Tempel einer glühenden Wagnerverehrung, sondern wichtigste soziale Arena. Doch am 7. November 1893 explodiert im Parkett eine Bombe. Ein Anarchist hat sie von einem der billigen Ränge geworfen. Man zählt 22 Tote.

Während die neue Klasse katalanischer Kaufleute den Modernismus umarmt, umarmt die neue Arbeiterklasse den Anarchismus, schreibt Colm Tóibín in seiner „Huldigung an Barcelona". Den Klassenhass nähren die katalanischen Kapitalisten, indem sie Hungerlöhne zahlen. Ab 1890 häufen sich die Attentate, Barcelona heißt nun auch „die Stadt der Bomben". Eine andere Waffe sind Streiks. Neben dem bürgerlichen Paradies des Quadrat d'Or wartet eine solche Erregbarkeit und Bedrängnis, dass der damalige Gouverneur der Stadt feststellt: „In Barcelona wird die Revolution nicht vorbereitet, sie ist ständig bereit." Wenn die Wut überkocht, kann es auch den Klerus treffen, wie in jener „tragischen Woche" 1909, als überall in der Stadt Kirchen und Klöster brennen. Danach hält es Pere Milà für an-

gebracht, auf Gaudís geplante Marienstatue zu verzichten.

Und dann ist die Zeit des Modernismus vorbei. Ab 1910 wird Überdruss laut: Wie konnte man nur Gebäude so grotesk überladen? Es gibt Forderungen, man möge, wenn schon nicht die Häuser abreißen, sie wenigstens von ihren aufdringlichsten Schnörkeln befreien. Die größte Häme trifft den Palau de la Música Catalana, den Palast der katalanischen Musik, von Lluís Domènech. 1908 hat das Gesamtkunstwerk den Preis für das beste Gebäude Barcelonas bekommen: Diese Architektur sei „stark wie Kataloniens Rasse, groß wie seine Geschichte und schön wie sein unvergleichlicher Himmel", fand die Jury.

1929 jedoch vermerkt ein Reiseführer entschuldigend, alle Barceloniner seien sich bewusst, dass der Palau einen Unfall darstelle. Der katalanische Schriftsteller Josep Pla wird ein paar Jahrzehnte später die ganze Epoche lakonisch als unglücklichen Zufall verbuchen: Leider sei Barcelonas Wachstum mit einer Etappe ausgesprochen schlechten europäischen Geschmacks zusammengefallen.

Nicht immer jedoch ist die Ablehnung ästhetischer Natur. 1923 errichtet der General Primo de Rivera seine Militärdiktatur, und danach hat alles Katalanische in Spanien für lange Zeit keine guten Karten.

In den siebziger Jahren beginnt langsam die Wiederentdeckung. Gaudí wird zu einem weltweit bekannten Architekten, vor allem die Japaner sind maßlos begeistert und strömen in Scharen nach Barcelona. Der Palau de la Música wird meisterhaft restauriert, auch die Bürgerpaläste. Nun leuchten die Juwelen wieder wie Überbleibsel eines rauschenden Festes.

Ein paar euphorische Jahre schien alles möglich. Und als die düstere Zeit, die folgte, vorbei war, als Barcelona sich rund 100 Jahre nach der ersten Weltausstellung mit den Olympischen Spielen wieder an eine große Unternehmung wagte und wie damals ein neues Bild von sich schuf, da sah man: Etwas von diesem Glauben hat die Stadt sich erhalten. ☐

Barbara Baumgartner, geboren 1970 in Südtirol, lebt seit 2001 als freie Journalistin in Barcelona.

MERIAN TIPP Modernisme: Greatest hits

(i/k 3) La Sagrada Família
Barcelonas älteste Baustelle und Wahrzeichen der Stadt.
Carrer de Mallorca 401, Metro: Sagrada Família (Linien 2 und 5), tgl. 9-18 Uhr, April-Sept. bis 20 Uhr, Eintritt: 8 €

(l 2) Hospital de la Santa Creu i de Santa Pau
Krankenhaus-Komplex von Lluís Domènech i Montaner aus 48 Pavillons für die verschiedenen Fachrichtungen, untereinander mit einem Tunnelsystem verbunden.
Carrer de Sant Antoni Maria Claret 167
Metro: Hospital de Sant Pau (Linie 5)

(g/h 5) Palau de la Música Catalana
Domènech i Montaner schuf ihn 1905 bis 1908. Seit 1997 Weltkulturerbe.
Carrer de Sant Francesc de Paula 2

Metro: Catalunya, Urquinaona (Linien 1-4), Führungen tgl. 10-15.30 Uhr, Eintritt 8 €

(g 3/4) Casa Milà, „La Pedrera"
Das letzte Haus, das Gaudí baute, bevor er sich ganz der Sagrada Família widmete. Seit 1984 Weltkulturerbe.
Passeig de Gràcia 92, Metro: Diagonal (Lin. 3)
tgl. 10-20 Uhr, Eintritt 7 €

(g 4) Casa Batlló
Von Gaudí 1905-07 umgebaut.
Passeig de Gràcia 43, Metro: Passeig de Gràcia (Linien 2, 3, 4)
tgl. 9-14, So bis 20 Uhr, Eintritt 10 €

(n 2) Parc Güell
1920 wurde der Park eröffnet, seit 1984 Weltkulturerbe.

Carretera del Carmel, Carrer d'Olot
Metro: Lesseps (Linie 3)
Ab 10 Uhr geöffnet, Eintritt frei

(f 6) Palau Güell
Stadtpalais, von Gaudí 1886-1888 gestaltet. Seit 1984 Weltkulturerbe.
Carrer Nou de la Rambla 3-5
Metro: Liceu (Linie 3)
Bis Ende 2006 geschlossen

(n 2) Casa-Museu Gaudí
1906 bis 1926 Gaudís Wohnort. Heute zeigt das Museum Möbel, Zeichnungen, Modelle und Pläne des Meisters.
Parc Güell, Carretera del Carmel 23
Metro: Lesseps (Linie 3)
April-Sept. 10-20, sonst bis 18 Uhr
Eintritt: 4 €

>> weitere Tipps im Service-Teil auf Seite 109

Zwischen Himmel

Die Pyrenäen: überwältigende Natur und uralte
Kirchen. Bedroht die Tierwelt, gerettet die Gotteshäuser

und Erde

Text: Anuschka Seifert, Fotos: Arthur Selbach

Das Bergdorf Arseguel liegt im spektakulären Naturpark der Serra del Cadí. Und birgt eine der mehr als 1000-jährigen Kirchen der Pyrenäen

Wo die Pyrenäen-Bergziege steht, zieht ein **Königsadler** seine Kreise und dann fliegt auch noch ein Bartgeier ein

für den 64-jährigen Joan Gil beginnt der Tag mit einem Ritual. Wenn draußen das erste fahle Licht ins Tal fällt, steckt er die Scheite aus Kiefernholz in den Ofen und heizt das kleine Wohnzimmer ein. Mari Carmen, seine Frau, steht in der Küche. Sie weiß, dass die Berge ihren Joan rufen. Tag für Tag, seit über 50 Jahren. Durch das Fenster blickt man auf das Boí-Tal, durch das sich dicke Nebelschwaden wälzen, die Sonne tut sich noch schwer. „Es wird ein schöner Tag", sagt Joan. Die Glocken der ältesten romanischen Kirche des Tals läuten, es ist neun Uhr. Höchste Zeit, in den Nationalpark zu fahren.

Die Fahrt geht durch dunkle Föhren- und Hakenkiefernwälder. Dann kommt die Sonne hoch und jetzt ist auch die Sicht frei auf die mächtigen, zerklüfteten Gipfel, einige fast 3000 Meter hoch. In weiten Halbkreisen

umstehen sie den Llebreta-See. Die Weißtannen glänzen in der Sonne, die „verschlungenen Gewässer", die Aigües Tortes, die dem Park den Namen gaben, plätschern vor sich hin.

Joan holt das Fernglas heraus. Da steht die gehörnte Pyrenäen-Bergziege auf 2300 Metern am Hang auf der anderen Seite des Sees, ein Königsadlerpaar zieht seine Kreise, drei Raben gesellen sich hinzu und dann fliegt auch noch ein Bartgeier ein. Der wird hier Trencalòs, Knochenbrecher, genannt, weil er Knochen von verendeten Tieren auf die Felsen herabfallen und zersplittern lässt, um das Mark zu fressen. In den katalanischen Pyrenäen leben nur noch 20 Exemplare, ihr angestammter Brutplatz ist hier.

Joan ringt nach Worten: „Hier ist es wie im Paradies, im Winter, im Frühjahr, im Sommer und im Herbst." Und die vielen Touristen? „Nun, auch das muss man hinnehmen." Joan hat sich an sie gewöhnt. Von Jahr zu Jahr zieht

es mehr Besucher in die Pyrenäen. Zum Skifahren, zum Wandern und Klettern, zu Abenteuersportarten wie Rafting. Und auch der Besuch von romanischen Kirchen, von Kathedralen und Burgen wird immer beliebter.

das Vall de Boí birgt auf engstem Raum mehr romanische Kirchen als jeder andere Ort. „Zwischen 1050 und 1150 wurden hier neun Kirchen und mehrere Einsiedeleien gebaut, teilweise nur einen Kilometer entfernt voneinander", erzählt Anna Monsó, die Direktorin des Centre de Romànic. Der Grund: Die Adelsfamilie Erill nahm an den Kämpfen gegen die Sarazenen teil. Von der Kriegsbeute ließ sie diese Kirchen errichten, von Baumeistern aus der Lombardei.

Wieder entdeckt wurden die romanischen Kirchen und ihre Fresken vor nicht einmal einhundert Jahren. Der Architekt Puig i Cadafalch führte 1907

Bei Taüll zwischen dem
Vall de Boí und dem
Nationalpark Aigües Tortes
zeigt der Norden Kata-
loniens seine ganze Pracht

Beget in der Alta Garrotxa:
Die 900 Jahre alte
Kirche Sant Cristofol birgt
einen Schatz – das
fein gearbeitete Kruzifix
„Majestat de Beget"

Die romanische Brücke
am Pas de Terradets.
Kaum beginnen die Berge,
wie hier in der Serra
de Montsec, führt der Weg
in die Vergangenheit

Alles gedeiht in Castellar de N'Hug, selbst
die Brote nehmen üppige Formen an

Die Skistation war von Anfang an illegal, selbst der **König** hatte keine Genehmigung für sein Chalet

eine Expedition ins Vall de Boí, um die Bergkirchen zu katalogisieren. Zu seinem Erstaunen fand er hinter Barockaltären unglaubliche Malereien: in Sant Joan de Boí mittelalterliche Bestien und Fabelwesen in lebhaften Blau-, Ocker- und Rottönen; in Sant Climent de Taüll den Pantokrator mit besitzergreifendem Blick, der einen bis in den letzten Winkel der Kirche verfolgt.

Doch nicht nur der Architekt entdeckte die Fresken. Französische und amerikanische Kunsthändler hatten längst den einheimischen Pfarrer bestochen und italienische Spezialisten geholt, um die Fresken in einer Nacht- und Nebelaktion buchstäblich von den Wänden zu ziehen.

Doch Puig i Cadafalch bekam Wind davon. Flugs adressierte er einen Brief an die Italiener und setzte einen gefälschten Stempel darunter. Er hatte Glück. Die Restauratoren entschieden sich, mit der „Regierung" zusam-

menzuarbeiten: Unter Polizeiaufsicht wurden 1919 die Fresken abgenommen und mit Maultieren nach Barcelona in Sicherheit gebracht. Die Kirchen sind heute Weltkulturerbe und Besuchermagnet.

Für das Vall de Boí wie auch für die restlichen Pyrenäentäler bedeutet der Tourismus das Ende der Landflucht, die die Bergbevölkerung um mehr als ein Drittel reduziert hat.

deshalb gibt es Hunderte von verlassenen Dörfern, leer stehende Weiden, die sich der Wald langsam zurückholt, Hunderte von zerfallenen Kirchen. „Weil man vom Tourismus ganz gut leben kann, betreiben immer weniger Einwohner Viehwirtschaft, traditionelle Berufe sterben aus", klagt der Umweltschützer Joan Vàzquez.

Vor allem der Skitourismus im Vall d'Aran, das Tal, das nördlich von Aigües Tortes an Frankreich grenzt, macht

ihm Sorgen. „Die Skistation Vaquèira Beret war von Anfang an illegal, selbst der König hatte keine Genehmigung für sein Chalet. Die nächsten 500 Apartments und weitere Hotels sind längst im Bau. Das ist kein Tourismus mehr, das ist eine Invasion, die das ganze Tal zerstört." Joan Vàzquez zeigt über die Häuser. Sie sehen alle gleich aus, mitten in die Landschaft gebaut und viele Kilometer entfernt von den Bergdörfern, in denen die Aranesen wohnen. Kontakt zu den Einheimischen gibt es hier nicht, auch nicht zu ihrer Kultur, ihrer ganz eigenen Sprache und zu den verwunschenen Tälern, durch das einst die Schmugglerwege nach Frankreich führten.

Weil hier der Jetset aus Barcelona, Madrid und Bilbao die Pisten hinunterbrettert, allen voran die Königsfamilie, Politiker wie Aznar und Filmstars wie Penelope Cruz und Antonio Banderas, liegt der Quadrameterpreis inzwischen bei 8500 Euro, wie in Barcelona auf dem Passeig de Grácia, der teuersten Straße Spaniens.

Das Unternehmen Baqueira Beret S. A. plant nun, auch das 2000 Hektar große Vall d'Àrreu zu erschließen. Für den WWF gehört das Vall d'Àrreu zu den schützenswertesten Gebieten der Pyrenäen. „Bis heute kommt man nur zu Fuß dorthin. Noch nie wurde hier ein Baum gefällt, die Hochmoore sind intakt, hier leben Braunbären, Sperber und Gänsegeier. Im Frühling hört man im Morgengrauen die Auerhähne balzen, und nachts rufen die Rauhfußkäuze. Das alles wollen sie zerstören, dabei wird in den Alpen schon für die Zeit nach dem Schnee geplant. Von Klimawandel hat hier noch niemand was gehört."

Vor 1000 Jahren hieß es noch: Katalonien, das sind die Pyrenäen. „Das kann man sich heute kaum noch vorstellen", meint Umweltschützer Joan Vàzquez. Die Bauern aus der Tiefebene flüchteten im 8. Jahrhundert vor den Sarazenen in die wilde Gebirgslandschaft und machten sie urbar. Die katalanische

Unsere Frauen kochten, die Kinder spielten und wir besserten die Mauern aus und deckten das Dach

Tradition, Widersachern in den Bergen zu trotzen, mag aus dieser Zeit stammen, und sie reicht bis in die Gegenwart.

Etwa in den sieben Tälern von Núria: In Núria wurde 1932 der Entwurf des katalanischen Autonomiestatuts ausgearbeitet, der bis heute unter dem Namen „Statut von Núria" bekannt ist. Unter dem Schutz der Kirche wurde hier schon immer für die Unabhängigkeit Kataloniens gekämpft.

dass in den Pyrenäen Politik betrieben wird, weiß auch der 71-jährige Ex-Senator Ramon Sala. „Vier Legislaturperioden habe ich gebraucht, um zu schaffen, was ich wollte. Castellfollit de la Roca war ein Dorf, durch das sich täglich 15 000 Autos und Last-

wagen schoben. Du kannst dir vorstellen, wie stolz ich war, als wir 2003 die Umgehung einweihen konnten."

Castellfollit liegt in der Garrotxa inmitten der schroffen Ausläufer der Pyrenäen mit dem südlichsten Buchenwald Europas im 800 Quadratkilometer großen Vulkangebiet. „Überall findet man interessante Steine", freut sich Ramon.

Während in den 50er Jahren die große Landflucht begann, „ging ich jedes Wochenende in die Berge. Wir stiegen auf die Felsgrate und fanden die kleinen romanischen Kirchen in den letzten Winkeln der Berge, aus denen ganze Bäume wuchsen. Sie lagen da wie vergessene Schätze."

Niemand kümmerte sich in der Garrotxa um die Romanik, bis Ramon

1974 den ersten Heimatverein gründete. „Sonntags fuhr ich mit Frau und Kindern zur Kirche Santa Bàrbara de Pruneres und traf mich mit Freunden, die auch mit Kind und Kegel angerückt waren. Wir gingen zu Fuß in die Berge, das Baumaterial schleppten die Maulesel. Unsere Frauen kochten für 150 Leute, die Kinder spielten und wir besserten die Steinmauern aus und deckten das Dach neu. Das waren wunderschöne Zeiten", erinnert sich Ramon. Im Mai 1976 war dann die erste romanische Kirche restauriert.

Die bisher letzte, die 51. Kirche, wurde erst 2005 fertig restauriert: Sant Andreu de Porreres liegt auf einem grünen Plateau inmitten üppig bewaldeter Berghänge. „Warum ich das alles tue? Das bin ich meiner Heimat schuldig", sagt er, „die ich über alles liebe, weil sie mir das gegeben hat, was ich heute bin." □

Anuschka Seifert *lebt und schreibt in Barcelona und verbringt jeden freien Tag in den Bergen.*

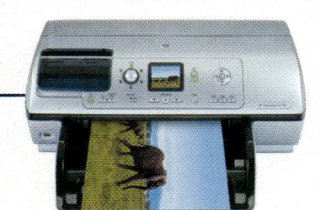

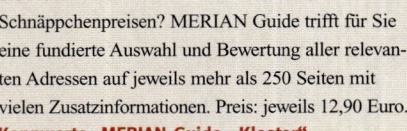

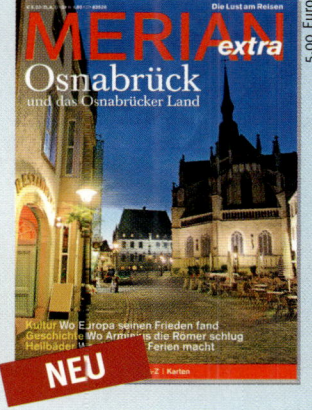

MERIAN
Die Lust am Reisen
ZUM ABONNIEREN

MERIAN
Die Lust am Reisen
G U T S C H E I N

MERIAN
Die Lust am Reisen

GUTSCHEIN

Lust auf Reisen?

MERIAN präsentiert zwölfmal jährlich ein lebensnahes und facettenreiches Porträt einer Stadt, einer Region oder eines Landes auf höchstem Niveau. Mit dem monatlich erscheinenden Magazin MERIAN erleben Sie einzigartige Bilder und packende Reportagen.

Das ist ein Geschenk für:

Die nächsten 12 Ausgaben
sind ein Geschenk von:

Die Lieferung beginnt, sobald die oben stehende Abo-Postkarte ausgefüllt an den MERIAN Leserservice, Postfach 60 12 20, 22212 Hamburg eingegangen ist.

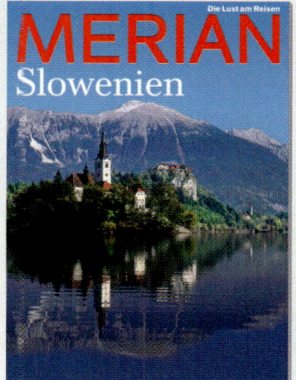

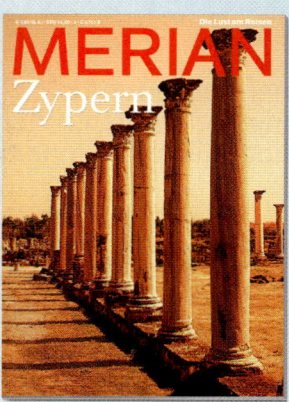

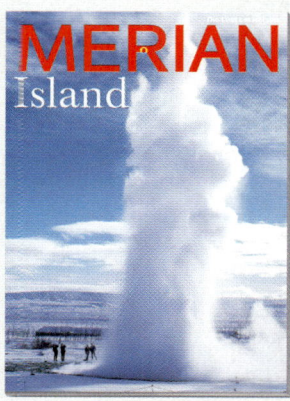
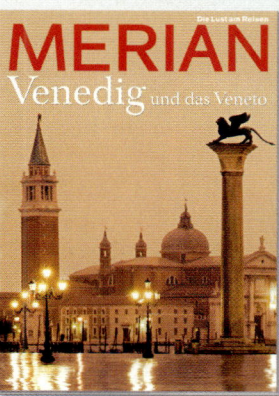
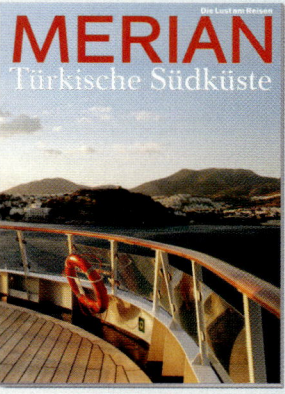

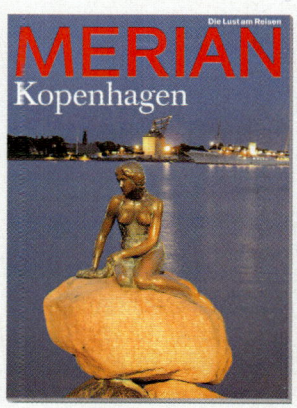

Montserrat

Das fromme Herz der Katalanen

Text: Brunhild Seeler-Herzog

Weit mehr als ein Kloster: Montserrat ist eine Festung der katalanischen Sprache und Symbol für die Autonomie des Landes

Wo heute Touristen flanieren, fanden die Katalanen ihre Einheit wieder

An einem kalten Wintertag im Jahr 1498 rumpelte ein Pferdekarren vor das 725 Meter hoch gelegene Kloster Montserrat und brachte die Neuzeit. Sie kam in Form einer Druckerpresse. Seitdem besitzen die Benediktinermönche den ältesten Verlag Kataloniens. Vermutlich hatte es ihnen immer zu lange gedauert, bis endlich ein fertiges Buch aus dem Skriptorium kam. Das berühmte Llibre Vermell war schon 100 Jahre zuvor entstanden, ein Kompendium in katalanischer Sprache mit Beiträgen zu Geographie, Liturgie, Geschichte, zu den Tänzen und Gesängen der Pilger.

Heute ist Montserrat eine Hochburg des Katalanismus. Unter der zentralistischen Regierung der Bourbonen war das schriftliche *català* über Jahrhunderte hinweg nicht gepflegt worden. Auch nicht in Montserrat, da man das Kloster im 15. Jahrhundert den Benediktinern von Valladolid zugeordnet hatte, was zwischen kastilischen und katalanischen Mönchen durchaus zu Animositäten führte.

Doch das wirtschaftlich erstarkte Bürgertum zeigte sich im Zuge der katalanischen Renaixença selbstbewusst und besann sich auf eigene kulturelle Werte; es herrschte Aufbruchstimmung. 1833 verfasste Bonaventura Carles Aribau auf Katalanisch seine Ode an „Das Vaterland"; die katalanischen Dichterwettbewerbe des Mittelalters, die „Jocs Florals", wurden wieder belebt; Jacint Verdaguer schrieb seine Gesänge für Montserrat und das

Eines der ältesten katalanischen Druckwerke, das Llibre Vermell. Fast verdrängt die Geschichte die Andacht in der riesigen Basilika

Virolai, die Hymne von Montserrat, die in Zeiten politischer Repression auch mal die katalanische National-hymne ersetzen musste.

Verdaguer agierte wie ein Public Relations Manager bei den Vorbereitungen zum Marienfest im Jahr 1880, und man feierte gleich weiter, denn 1881 ließ Papst Leo XIII. die Mutter-gottes zur Schutzpatronin Kataloniens krönen. Dass diese Feierlichkeiten mit der kulturellen und politischen Renaixença und dem Wiederaufbau des Klosters nach seiner Zerstörung in den napoleonischen Kriegen einher-gingen, verlieh dem Ganzen einen be-sonders hohen Symbolgehalt.

Die Franzosen hatten das Kloster im Jahr 1811 niedergebrannt und, als es keinen Brennstoff mehr gab, mit Schwarzpulver nachgeholfen; auch die Bibliothek ging in Flammen auf. Das Llibre Vermell aber blieb verschont, das war gerade ausgeliehen.

Die Äbte, die das Kloster nach über-standener Säkularisierung 1844 wieder betreuten, forderten von ihren Mönchen wenigstens rudimentäre Kenntnisse des Katalanischen, damit sie „die Beichte abnehmen konnten". Der große Erneuerer Anfang des 20. Jahrhunderts, Abt Antoni M. Marcet, schrieb und predigte auf Katalanisch. Die Mönche begannen mit ihrem großen Projekt, einer Bibelüberset-zung aus den Originalsprachen ins Katalanische, bald schon „Separatis-tenbibel" genannt. Der Spanische Bürgerkrieg brach 1936 aus und um das Kloster gegen anarchische Grup-

pen zu schützen, funktionierte die Generalitat es sofort in ein Militär-hospital um.

Franco siegte; der katalanische Traum war ausgeträumt. Nun war die stille Klosteravantgarde wieder ge-fragt. Harmlos schlug Pater Adalbert M. Franquesa 1944 vor, der Marien-statue einen neuen Thron anfertigen und durch Subskription finanzie-ren zu lassen. Abt Marcets Nachfolger, Aureli M. Escarré, verstand, welche Möglichkeiten einer Volksmobilisie-rung daraus erwachsen könnten. So bat er 1946 den Zivilgouverneur von Barcelona höflich, die Werbemaß-nahmen für die vorgesehenen Feier-lichkeiten auch auf Katalanisch ab-fassen zu dürfen, da diese sich vor allem an das Volk, an einfache Leute, richteten. Einen politischen Charak-ter schließe man selbstverständlich aus. Man durfte.

Das Vorbereitungskomitee bestand aus Angehörigen „beider Lager" des Bürgerkriegs, und der Plan gelang: Mehr als 100 000 Katalanen, Sieger und Besiegte, strömten am 27. April 1947 zur Inthronisierung der Marien-statue zum Montserrat. Es wurde eine überwältigende innerkatalanische Versöhnung; nie mehr seit dem Ende des Bürgerkriegs 1939 war in aller Öffentlichkeit so massiv català gespro-chen worden.

In den 1950er Jahren hatte man zag-haft wieder auf Katalanisch zu drucken begonnen, vor allem Zeitschriften religiösen und historischen Inhalts, und musste sich mit der staatlichen Kon-

trolle herumärgern. „Später nannte sich die Zensur ‚freiwillige Konsul-tation'", erinnert sich Pater Josep Massot i Muntaner, Autor, Lektor und Korrektor und seit 1971 Verlagsleiter. „Da wurden einem die Textstellen ‚vor-geschlagen', die man ändern sollte."

Religiöse Texte unterlagen nicht der Zensur. Also wurde die auf català herausgegebene Kulturzeitschrift Serra d'Or als religiös deklariert. Informa-tions- und Tourismusminister Manuel Fraga Iribarne war 1964 anderer Meinung und stellte ein Ultimatum. Zensur oder Verbot. Die Patres ent-schieden sich für Zensur. Und ließen die Leser zwischen den Zeilen lesen.

Katalanische Sprache und Politik mussten sich in unauffällige Verbände und Vereine flüchten, zu Pfadfindern und studentischen Wandergruppen, aus denen später etliche Politiker des demokratischen Spanien hervorgingen. Abt Escarré half, so gut er konnte, schrieb Eingaben zugunsten politisch Verfolgter oder bot ihnen Unter-schlupf in Montserrat und scheute sich auch nicht, Jordi Pujol, den späte-ren Präsidenten der Generalitat, im Gefängnis zu besuchen. Der Eklat kam 1963 mit Escarrés Erklärungen gegenüber Le Monde, in denen er die volle Freiheit für die katalanische Kultur forderte. Rom bot ihm einen Posten im Vatikan an, doch Escarré ging lieber ins Exil.

Im Dezember 1970 machte Mont-serrat erneut von sich reden, als etwa 300 prominente Intellektuelle – Pro-fessoren, Schriftsteller, Maler, da-

Das Kloster wirkt wie eine Festung. Und ist es: eine Trutzburg katalanischen Eigensinns

Montserrat
Ein Ort, dessen Stolz Hoffnung machte

runter Joan Miró und Antoni Tàpies, sich dort einschlossen, um gegen die ETA-Prozesse von Burgos zu protestieren. Sie verkündeten das „Manifest von Montserrat", in dem sie einen demokratischen Staat und Selbstbestimmung forderten. Forderungen, die heute längst verwirklicht sind.

„Gewiss, aber gerade dann könnte die Gefahr bestehen, dass man nachlässt in seinen Bemühungen. Katalanisch ist eine Minderheitensprache, ohne eigenen Staat"; gibt Pater Ignasi M. Fossasi Colet zu bedenken. Daher wird auch noch im Jahr 2005 die Eigenständigkeit beschworen: Da bringt regelmäßig eine Stafette aus „Catalunya Nord", dem Katalonien jenseits der Pyrenäen, die „Flamme der katalanischen Sprache", die im Atrium des Klosters ständig brennt, und ein Mädchen betet zu Maria, Senyora dels catalans, sie möge helfen, ihre Sprache zu bewahren.

Montserrat, eingebettet in eine dramatisch zerklüftete Berglandschaft im geographischen Mittelpunkt Kataloniens, versteht sich als Treffpunkt für alle, ob gläubig oder nicht, als Tribüne für kulturelle Fragen und den interreligiösen Dialog.

Montserrat heute, das ist auch geballte Katalanität, wenn es etwas zu feiern gibt, nicht nur zur Festa de la Moreneta, wenn etwa 3000 Menschen sich einfinden, ihre Menschentürme bauen, ihre Sardanas tanzen, ihre katalanische Flagge schwenken und später im Klosterrestaurant mit Kind und Kegel genüsslich schmausen.

Sie werden aufstehen (während die Touristen sitzen bleiben), wenn in der Basilika der weltberühmte Knabenchor mit dem Virolai, der Hymne von Montserrat, von den Engelein singt, die mit goldener Säge diese Berge sägten, um der Muttergottes eben dort einen Palast zu bauen.

Eher ein Werk von Zyklopen, so erscheinen aus der Nähe die Berge, an die sich der Klostergarten schmiegt. Hier ist die Welt entrückt, verschluckt von den Wolken, die sich manchmal wie eine Stola um die Gipfel legen. Himmel zum Anfassen. Um Irdisches kümmert sich die Stiftung „Abadia de Montserrat 2025". Zur Tausendjahrfeier der Klostergründung möchte man eine renovierte Infrastruktur vorweisen können, die den Bedürfnissen

der mehr als zwei Millionen Besucher im Jahr gerecht wird.

Der Verlag Pamsa, inzwischen eine Aktiengesellschaft, veröffentlicht unter Pater Massots Leitung etwa 130 Titel im Jahr, darunter Kinderbücher und Reiseführer, und gibt sechs Zeitschriften heraus. Und wenn es geboten erscheint, nimmt der Abt zu politischen oder sozialen Fragen Stellung. „Was Montserrat zu sagen hat, wird zur Kenntnis genommen", versichert Òscar Bardají, der Pressebeauftragte des Klosters. Eine eigene Druckerei aber hat das Kloster nicht mehr. Das Llibre Vermell kann man heute im Internet durchblättern. □

Brunhild Seeler-Herzog *hat für dieses Heft auch über Girona geschrieben.*

MERIAN|TIPP Wege zum Kloster

Pilgerweg nach Montserrat
Camí Romeu a Montserrat
Der 53 km lange Weg wird seit mindestens 1342 von Pilgern benutzt. Heute trägt der Wanderweg die Bezeichnung GR 96. Die Strecke führt von Barcelona nach Valvidrera, weiter nach Rubí, Terrassa, Vacarisses und von Montserrat zum Kloster. Unterwegs gibt es viele Einkehr- und Unterkunftsmöglichkeiten.
(f 6) Federació d'Entitats
Excursionistes de Catalunya
F. E. E. C. Katalanischer Bergsportverein
Calle Rambla 41, 08002 Barcelona
Tel. 934 12 07 77, Infos: www.fedme.es

Museo de Montserrat
Das Haus zeigt eine Sammlung italienischer Malerei des 16. und 17. Jhs. sowie flämischer, spanischer und französischer Malerei des 15. und 18. Jhs. Ferner stellt es liturgische Objekte aus dem 15. bis 20. Jahrhundert aus und widmet sich der biblischen Archäologie des Mittleren Ostens und Ägyptens.
(F 5) Monasterio de Montserrat
Monistrol de Montserrat
Tel. 938 77 77 01
www.montserratvisita.com
tgl. 10-17.45 Uhr
Eintritt: 5,50 €, ermäßigt 4,50 €

>> weitere Tipps im Service-Teil S. 114

Elke Heidenreich liest „New Yorker Geschichten" von Dorothy Parker

Fritzi Haberlandt liest „Das kunstseidene Mädchen" von Irmgard Keun

Hannelore Hoger liest „Vergiss nie, dass ich dich liebe" von Elizabeth George

Corinna Harfouch liest „Kassandra" von Christa Wolf

Heike Makatsch liest „Mary Poppins" von Pamela L. Travers

Iris Eerben liest „Bonjour Tristesse" von Françoise Sagan

Anna Thalbach liest „Adler und Engel" von Juli Zeh

Monica Bleibtreu liest „Nur nicht unsichtbar werden" von Nuala O'Faolain

Sibel Kekilli liest „Sinn und Sinnlichkeit" von Jane Austen

Eva Mattes liest „Jauche und Levkojen" von Christine Brückner

Sophie Rois liest „Die Freundschaft" von Connie Palmen

Senta Berger liest „Fräulein Else" von Arthur Schnitzler

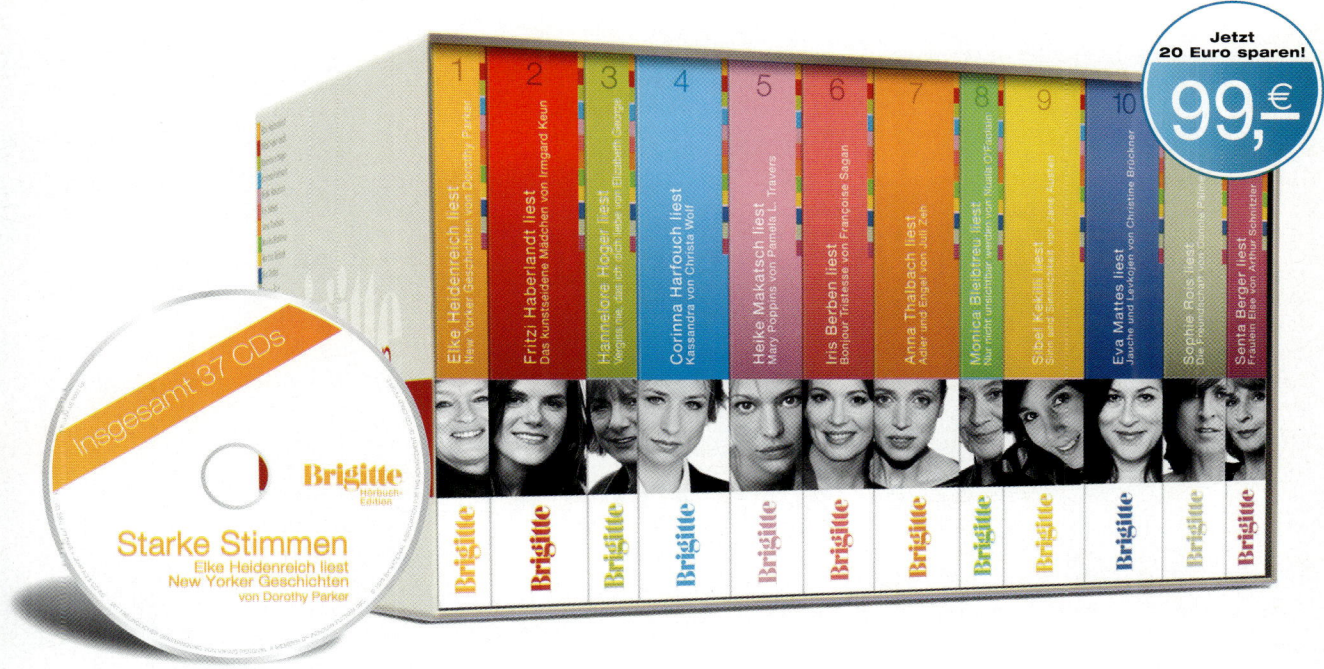

Jetzt 20 Euro sparen!
99,– €

Starke Stimmen
Starke Frauen lesen ausgewählte Literatur

Lesen mit geschlossenen Augen:
Erleben Sie jetzt die komplette Brigitte-Hörbuch-Edition!

12 starke Frauen lesen für Sie ausgewählte Literatur. Die komplette 12-teilige Hörbuch-Edition mit insgesamt 37 CDs gibt es im attraktiven Schuber – zum Vorzugspreis von 99,– Euro. Sie sparen 20,– Euro gegenüber dem Einzelverkauf und zahlen keine Versandkosten! Einfach Coupon ausfüllen und abschicken. Oder Sie bestellen per Telefon, Fax oder im Internet.

Jetzt die komplette Edition bestellen: ☎ 01805-06 20 00*, Fax: 01805-08 20 00*,
💻 www.brigitte.de/hoerbuch.

* 12 Cent/Min. aus dem dt. Festnetz. Mo. - Fr. 8.00 bis 20.00 Uhr, Sa. 9.00 bis 14.00 Uhr

☐ Ja, ich will die 12-teilige Brigitte-Hörbuch-Edition für nur 99,– €
(Bestell-Nr. B 5615) und spare 20,40 Euro gegenüber dem Einzelpreis.

☐ Ja, ich bin Brigitte-Abonnentin und zahle nur 89,– €
und spare noch einmal 10,– €. Meine Brigitte-Kd.-Nr. lautet:

Name, Vorname

Straße, Hausnummer

PLZ   Wohnort

Telefon   Geb.-Datum

E-Mail-Adresse

Datum, Unterschrift

• Die Zahlung erfolgt bequem per mitgelieferter Rechnung.

• Bitte keine Vorauszahlung leisten.

• Lieferung nur solange der Vorrat reicht.

Ausgefüllten Coupon bitte senden an:
**Brigitte Versandservice
Werner-Haas-Str. 5
74172 Neckarsulm**

Aktionsnummer: 255 898

Brigitte
Hörbuch
Edition

MERIAN

Heft 5/2005, Mai, Erstverkaufstag dieser Ausgabe ist der 28.4. 2005
MERIAN erscheint monatlich im Jahreszeiten Verlag GmbH, Poßmoorweg 5, 22301 Hamburg
Tel. 040/27 17-0, Fax 040/27 17-20 56 **Anschrift der Redaktion:** Harvestehuder Weg 42, 20149 Hamburg
Postfach 130444, 20139 Hamburg, E-Mail: Redaktion@Merian.de, Tel. 040/441 88-231, 441 88-240
Fax 040/441 88-310 **Website:** www.merian.de **Leserservice:** Postfach 601220, 22212 Hamburg
Tel. 040/87 97 35 40, Fax 040/27 17 - 20 79 **Syndication:** www.jalag-syndication.de
GourmetPictureGuide: Stefanie Lüken, Tel. 040/271 720 02, Fax 040/27 17 20 89, www.gourmetpictureguide.de

Herausgeber: Manfred Bissinger
Chefredakteur: Andreas Hallaschka
Art Directorin: Sabine Lehmann **Chef vom Dienst:** Tibor M. Ridegh, Frauke Meyer (freie Mitarbeit)
Redakteure: Kathrin Sander, Charlotte von Saurma, Roland Benn (freie Mitarbeit)
Thorsten Kolle (freie Mitarbeit) **Redaktion dieses Heftes:** Andreas Hallaschka
Schlussredaktion: Tibor M. Ridegh, Jasmin Wolf (stv.) **Layout:** Cornelia Böhling, Ingrid Koltermann
Dorothee Schweizer (stellv. Art Directorin) **Bildredaktion:** Hanni Rapp, Eva M. Ohms, Lars Lindemann (freie Mitarbeit)
Bildredakteurin dieses Heftes: Hanni Rapp **Kartographie:** Peter Münch
Dokumentation: Jasmin Wolf, Sebastian Schulin (freie Mitarbeit)
Mitarbeit: Helmut Golinger, Sabine Mayer, Christina Raack **Herstellung:** Karin Harder
Redaktionsassistenz: Sabine Birnbach, Katrin Eggers, Sabine Richter (freie Mitarbeit)
Geschäftsführung Premium Magazine: Peter Rensmann **Verlagsleitung Premium Magazine:** Oliver Voß
Gesamt-Anzeigenleitung: Roberto Sprengel **Anzeigenleitung:** Christel Janßen
Anzeigenstruktur: Patricia Hoffnauer **Marketing:** Kenny Machaczek, Ulrich Rieger, Sonja Wünkhaus
Vertriebsleitung: Jörg-Michael Westerkamp (Zeitschriftenhandel), Thilo Heller (Buchhandel)
Verantwortlich für den redaktionellen Inhalt: Andreas Hallaschka
Verantwortlich für Anzeigen: Roberto Sprengel

Verlagsbüros Inland:
Hamburg: Tel. 040/27 17-25 95, Fax -25 20, E-Mail: vb-hamburg@jalag.de
Berlin: Tel. 030/80 96 23-60, Fax -70, E-Mail: vb-berlin@jalag.de
Hannover: Tel. 0511/85 61 42-0, Fax -19, E-Mail: vb-hannover@jalag.de
Düsseldorf: Tel. 0211/901 90-0, Fax -19, E-Mail: vb-duesseldorf@jalag.de
Frankfurt: Tel. 069/97 06 11-0, Fax -44, E-Mail: vb-frankfurt@jalag.de
Stuttgart: Tel. 0711/966 66-520, Fax -22, E-Mail: vb-stuttgart@jalag.de
München: Tel. 089/99 73 89-30, Fax -44, E-Mail: vb-muenchen@jalag.de

Repräsentanzen Ausland:
Basel: Intermag AG, Tel. +4161/275 46-09, Fax -10, E-Mail: info@intermag.ch
London: The Powers Turner Group, Tel. +44 20/7630 99 66 Fax 76 30 99 22, E-Mail: cweiss@publicitas.com
Mailand: Media & Service International Srl, Tel. +39 02/48 00 61 93, Fax 48 19 32 74, E-Mail: info@it-mediaservice.com
Paris: International Magazine Company, Tel. +331/53 64 88 91, Fax 45 00 25 81, E-Mail: imc@international.fr
Madrid: Alcála Media International Media Representation, Tel. +34 91/326 91 06, Fax -07, E-Mail: alcalamedia@retemail.es
Wien: Publimedia Internationale Verlagsvertretungen GmbH, Tel. +43 1/21530, Fax 2121602,
E-Mail: ppn-vienna@publicitas.com
New York: The Russell Group Ltd., Tel. +12 12/213 11-55, Fax -60, E-Mail: info@russellgroupltd.com

Die Premium Magazin Gruppe im Jahreszeiten Verlag

Weitere Titel im Jahreszeiten Verlag: Für Sie, petra, vital, PRINZ, A&W Architektur & Wohnen,
COUNTRY, DER FEINSCHMECKER, WEINGourmet, schöner reisen, ZuhauseWohnen, SelberMachen
Litho: Alphabeta Druckformdienst GmbH, Hamburg. Druck und Verarbeitung: heckel GmbH, Nürnberg, schlott Gruppe
ISBN: 3-7742-7005-8, ISSN 0026-0029 MERIAN (USPS No. 011-458) is published monthly. The subscription price for
the USA is $ 110 per annum. K.O.P.: German Language Publications, Inc., 153 South Dean Street, Englewood NJ 07631.
Periodicals postage is paid at Englewood NJ 07631, and at additional mailing offices. Postmaster: send address changes to:
MERIAN, German Language Publications, Inc. 153 South Dean Street, Englewood NJ 07631.

Ein Unternehmen der
GANSKE VERLAGSGRUPPE

Die Kolumbussäule in Barcelona,
fotografiert von Klaus Bossemeyer

Bildnachweis
Anordnung im Layout: o=oben,
u=unten, r=rechts, l=links, m=Mitte.
Titel: Klaus Bossemeyer; S. 3 ol Michael
Müller, ro Mirko Ph. Eckstein,
ru Eduardo Mencos, l Bridgeman/VG
Bild-Kunst; S. 4 m Miquel Gonzalez/
laif; S. 4/5 Jan Greune; S. 5 ml
Mencos, mr Arthur Selbach,
ul Gonzalez/laif, ur Bossemeyer; S. 8 o
Josep Escayola Font/Monica Gumm/
White Star, m Gumm/White Star,
u Christiane von Enzberg; S. 10 o Björn
Göttlicher/Visum, m AKG, u Ilustration:
Martha Müller; S. 14/15 Selbach;
S. 16/17 Andreas Fechner/laif;
S. 18 Gonzalez/laif; S. 19 Bossemeyer;
S. 20/21 Gonzalez/laif; S. 22 Mel
Stuart/White Star; S. 23 Bernd
Jonkmanns/laif; S. 24/25 Selbach;
S. 26 Selbach/laif; S. 27 Selbach; S. 28
Gunnar Knechtel/laif; S. 30 Gonzalez/
laif; S. 34/35 Göttlicher; s. 36
Gonzalez/laif; S. 37 ol Fechner/laif,
or Göttlicher, u Knechtel/laif; S. 38
Gonzalez/laif; S. 39 Knechtel/laif;
S. 40 o Gonzalez/laif, ul Göttlicher,
ur Knechtel/laif; S. 41 Knechtel/laif;
S. 42 Knechtel/laif; S. 44 Samuel
Zuder/laif**); S. 45 Gonzalez/laif;
S. 46 Gonzalez/laif **); S. 47 ol Tino
Soriano/laif, ro Soriano/laif **),
m Soriano/laif; S. 48 Zuder/laif **);
S. 49 ol Gumm/White Star **),
or Soriano/laif, m Gonzalez/laif;
S. 51 Soriano/laif; S. 52/53 Greune;
S. 54/55 Knechtel/laif; S. 55 o Gerald
Hänel/Garp, m Knechtel/laif, u Greune;
S. 56/57 Greune; S. 57 o Hänel/Garp,
m und u Greune; S. 58, 59 Greune;
S. 60/61 Selbach; S. 62 l José A.
Sanguinetti, m Gumm/White Star,
r Göttlicher; S. 63 Gonzalez/laif; S. 64
Göttlicher; S. 66-73 Bossemeyer;
S. 74-79 Mencos; S. 76 Gumm/White
Star; S. 80/81 Gumm/White Star;
S. 82 Gonzalez/laif; S. 83 Milan
Horacek/Bilderberg; S. 84 Gumm/
White Star; S. 85, 86 Gonzalez/laif;
S. 88/89 Selbach; S. 90 Gumm/White
Star; S. 91, 92 Selbach; S. 93 l
Selbach, r Gumm/White Star; S. 100
Jörg Steinert/White Star; S. 101 l
Bridgeman, r Selbach/laif; S. 102
Selbach; S. 107 Michael Amme/laif;
S. 108 Heinz Hebeisen/iberimage;
S. 109 o Jürgen Stumpe, u Selbach;
S. 110 o Göttlicher/Visum, u Horacek/
Bilderberg; S. 111 Knechtel/laif; S.
112 o Gumm/White Star, u Göttlicher;
s. 114 Göttlicher; S. 115 Gonzalez/
laif; S. 116 Sanguinetti; S. 117
Stuart/White Star; S. 118 o Miguel
Raurich/iberimage, u Rafael López-
Monné/iberimage; S. 120 o Rick
Rickman/New Sport/Corbis,; S. 121
links, von oben nach unten: Cover,
C aus Ulrich/dpa-fotore1port, Rainer
Unkel/Cover, r FoodPhotogr. Eising/
www.stockfood.com; S. 122 Knechtel/
laif; S. 123 Planetobserver.com M-Sat;
S. 130 o Andreas Gebhard/laif, ml
Hänel, mr Layne Kennedy/Corbis.
Die mit **) gekennzeichneten Bilder
sind autorisiert durch die Stiftung Gala-
Salvador Dali. Alle Rechte vorbehalten.

Südsee in der Großstadt:
am Olympiahafen in Barcelona

MERIAN Top Ten

Was Sie unbedingt sehen, erleben und unternehmen sollten

Alle Texte: Karola Kostede, Anuschka Seifert; Stand März 2005
Die Planquadrate mit großen Lettern beziehen sich auf die Karte S. 126, die mit kleinen auf den Barcelona-Faltplan

1. Montserrat Wer Katalonien besucht, ohne das Kloster zu sehen, beleidigt das Land: Dies war und ist mehr als ein Ort des Glaubens. Montserrat bedeutet Widerstand über Jahrhunderte und Heimat der katalanischen Sprache. **(F 5)**

2. Sagrada Familia Sie wuchert nun seit 120 Jahren vor sich hin, erst unter Antoni Gaudís Regie, jetzt unter der seiner Epigonen. Möge es der Kathedrale ergehen wie vielen ihrer Schwestern, die erst über Jahrhunderte zur Welt kamen. **(i 3)**

3. Teatre-Museu Dalí In Figueres ist ein Drittel seiner Werke versammelt, hier verbrachte er seine letzten Jahre, hier liegt er unter einer anonymen Grabplatte untrennbar seinem Werk verbunden: Dalí, der Bürgerschreck. **(I 3)**

4. Rambla Wer auf sein Portemonnaie aufpasst, ist vor Taschendieben und zweifelhaften Kaufangeboten sicher. Und kann sich der Barceloniner Leidenschaft hingeben: sich zeigen und andere betrachten, sehen und gesehen werden. **(f 6-g 5)**

5. Jardins de Santa Clotilde Oberhalb von Lloret de Mar haben Landschaftsgärtner eine Oase des Lichts und des leichten Daseins geschaffen. Ein sinnlicher Hochgenuss. **(I 5)**

6. Nationalpark Aigües Tortes Spanien ist hier grün, saftig und voller seltener Tiere. Ein Park, den zu begehen Zeit braucht, und eine Reminiszenz: So unberührt war das Leben einst auch in den Alpen. **(C 2)**

7. Jüdisches Viertel in Girona Rund 600 Jahre gemeinsamer jüdisch-christlicher Geschichte sind in Gironas Gassen und Gebäuden dokumentiert: steingewordene Toleranz, durch königliches Dekret beendet. **(I 4)**

8. Römisches Tarragona Die Provinz Hisparia war die erste außerhalb des römischen Kernlands. Schon 218 v. Chr. wurde Tarraco Hauptstadt, eine der wichtigsten des Reiches. Man sieht es noch heute. **(D 7)**

9. Cap de Creus Auf dem Weg zum östlichsten Punkt Iberiens verliert sich auf einmal alle Zivilisation und eine steinige Urlandschaft breitet sich aus. Bis der Leuchtturm mit seinem wunderbaren Restaurant auftaucht. **(K 2)**

10. FC Barcelona Einmal das Museum sehen. Einmal die Kabinen besichtigen. Einmal unter 120 000 Fans sein. Am besten gegen Real. **(a/b 1)**

Zum Auftakt ein Cava

In Sant Sadurní d'Anoia wird mehr Cava produziert als Champagner in Frankreich

Rund 6000 Bauern produzieren jedes Jahr 160 000 Tonnen Trauben für den **Cava**. Hochburg ist **Sant Sadurní d'Anoia**. Neben den Giganten **Codorníu** und **Freixenet,** die fast 80 Prozent der Jahresproduktion von 214 Millionen Flaschen herstellen, tummeln sich weitere 270 Kellereien, 1977 waren es nur 65. 116 Millionen Flaschen werden exportiert, allein 55 Millionen nach Deutschland. Juan José de Castro, Kellermeister bei Cordoníu: „Das Ausgangsprodukt ist ein hochwertiger Weißwein. **Xarel·lo** ist die männliche Traube, die dem Cava Herbheit, Würze und Stärke verleiht, die **Macabeo** ist die weibliche Traube und sorgt für Aroma und Fruchtigkeit. Die **Parellada-Traube** verleiht Eleganz und Rasse." Der Wein wird zur zweiten Gärung auf Flaschen gezogen und mit Kristallzucker und Reinzuchthefe versetzt, die ihn dann langsam mit Kohlensäure anreichern. Die Flaschen lagern mindestens neun

Monate – Spitzenprodukte auch bis zu fünf Jahre – mit einem Kronkorken verschlossen und schräg kopfunter in Rüttelpulten. Zwei Wochen lang bewegen Fachkräfte per Hand bis zu 40 000 Flaschen am Tag um eine Achteldrehung und eine Neigung um zehn Prozent. Zum Schluss stehen sie

Wie ist er gelungen? Verkostung edlen Cavas bei Cordoníu

dann senkrecht auf dem Kopf. Ist der Gärungsprozess abgeschlossen, werden die Flaschenhälse, in denen das Ferment liegt, angefroren. Beim Öffnen schießt der Eispropfen dann mit enormem Druck aus der Flasche. „Jetzt wird die Volumenlücke mit dem **Licor de expedició (Dosage)** aufgefüllt", erklärt de Castro. Über seine Gemische aus alten Weinen, Weinbrand und Zucker schweigt er sich aus, denn sie klassifizieren den Cava nicht nur in extra brut, brut nature, brut, extra sec, sec, semi sec und dolç, sie geben ihm das gewisse Etwas.

Fiesta de la Filoxera Am 7. und 8. September steht eine riesige Reblaus auf dem Marktplatz von Sant Sadurní d'Anoia und erinnert an den harten Kampf gegen das Insekt, den die Weinbauern hier zwischen 1879 und 1890 führten. www.fil-loxera.com
Setmana del Cava Vom zweiten bis dritten Samstag im Oktober findet in Sant Sadurní d'Anoia die Woche des Cavas mit kulturellen Veranstaltungen und Degustationen statt. www.troc.es/confrariacava
Tel. 938 91 28 03
(F 6) Oficina d'Informació Turística, Hospital, 26, Sant Sadurní d'Anoia, Tel. 938 91 31 88, www.santsadurni.org

GEWUSST, WO

Touristeninformation

Oficina de Informació Turística Hauptbahnhof Sants-Estació, am Flughafen Aeroport del Prat (Terminal Internacional) und im Souterrain der Plaça Catalunya, gegenüber El Corte Inglés
Tel. 932 85 38 34
von 9-21 Uhr
www.barcelonaturisme.com
www.bcn.es
www.barcelona-on-lines.es
www.b-guided.com
www.guiadelocio.com

STADTVIERTEL

(g 5/6) Gotisches Viertel

Der Rest der Stadtmauer und zahlreiche mittelalterliche Monumente machen den Reiz des Barri Gòtic aus: ein Gewirr aus engen Gassen und großen Plätzen. Der Palau de la Generalitat ist das Glanzstück. Hier regierte schon das mittelalterliche Ständeparlament, seit 1977 hat hier die katalanische Regierung wieder ihren Sitz. Im Innern gibt es die Kapelle Sant Jordi, ihr gotischer Kreuzgang, der Orangenhof und der goldene Sitzungssaal sind besonders beeindruckend. Der Palast kann nur am 23. April, am Fest Sant Jordi, besichtigt werden. **Rund um die Plaça Sant Jaume**

(g 6) El Call Jüdisches Viertel

Vor kurzem wurde die Große Synagoge, die älteste Spaniens, wieder entdeckt, die vermutlich zwischen 1140 und 1180 errichtet wurde. Sie befindet sich in einem Kellergeschoss. Bei der Wiedereröffnung 2002 wurde auch ein Dokumentationszentrum errichtet. An das einstige Armenhospital erinnert heute nur noch eine Tafel. **Carrer Marlet 5**
www.calldebarcelona.org

(h/i 7) Barceloneta

Tausende verloren beim Bau der Zitadelle unter Philip V. 1715 ihr Zuhause. Für sie wurde das neue Viertel auf dem Reißbrett entworfen. Entsprechend schnurgerade sind die Straßen und Gassen. Trotz Spekulation und gestiegener Mieten ist es noch immer

ein Viertel der einfachen Leute. Viele gute Lokale am Wasser und im Gassengewirr des Viertels.
Metro L 4, Station Barceloneta

(e-h 7) Hafenviertel Nova Icària

Aus dem Hinterhof von einst ist nach Olympia 1992 ein Nobelviertel geworden. Abends und am Wochenende strömen Tausende von Touristen und Einheimischen in die mit Edelhölzern und Chrom gestalteten Geschäftshäuser, Restaurants, Kinos und Diskotheken.

(b/c 6) Olympia/ Anella Olímpica

Der 120 m hohe Torre de Telecomunicacions, entworfen von dem Architekten Santiago Calatrava, musste viel Kritik einstecken. Heute ist das Areal der Olympischen Spiele vor allem Veranstaltungsort für Sport und Kultur. Zu dem Gelände zählen nicht nur das Olympiastadion Lluís Companys, sondern auch der Palau Sant Jordi, das Schwimmbad Bernat Picornell und das Gebäude der Sporthochschule INEFC.
Estadi Olímpic de Montjuïc
Passeig Olímpic, 5/7
Tel. 934 26 20 89
Galeria Olímpica, Eingang zwischen Stadion und Palau Sant Jordi, www.barnapro.com
Metro: Espanya

(e 1-k 4) Eixample

Ildefons Cerdà entwarf in der zweiten Hälfte des 19. Jhs. eine neue Stadt jenseits der geschleiften Stadtmauern, mit quadratischen Wohnblöcken und großen Innenhöfen. Auch wenn heute viele der Innenhöfe als Parkfläche genutzt werden, ist vor allem das „Quadrat d'Or", das goldene Quadrat des Eixample gespickt mit Jugendstil-Architektur.

SEHENSWERT

MODERNISME

Die Baumeister Antoni Gaudí i Cornet (1852-1926) sowie Lluís Domènech i Montaner (1850-1932) und Josep Puig i

Unterkieferbalkone und Fischschuppendach: die Casa Batlló

Cadafalch (1867–1957) prägten das Gesicht der Stadt. (Siehe Seite 80)

(f 6) Palau Güell

Für die Familie Güell gestaltete Antoní Gaudi von 1886–1888 das Stadtpalais. UNESCO-Weltkulturerbe. (Siehe Seite 80)
Carrer Nou de la Rambla 3–5
Tel. 933 17 51 98, Metro: Linie 3, www.gaudi2002.bcn.es
Voraussichtlich bis 2007 geschl.

(i 2) Hospital de la Santa Creu i Sant Pau

Lluís Domènech i Montaner schuf Pavillons für die verschiedenen Fachrichtungen, die er mit Tunneln verband. (Siehe Seite 80)
Av. St. Antoni M. Claret 167
Metro: Hospital de Sant Pau, ein Teil der Anlage ist zu besichtigen, www.hspau.com

(g/h 5) Palau de la Música Catalana

Domènech i Montaner schuf 1905–1908 diese Phantasie in Marmor, farbigen Fliesen und Glas. UNESCO-Weltkulturerbe. (Siehe Seite 80)
Carrer de Sant Francesc de Paula 2, Tel. 902 44 28 82 und 932 95 72 00
www.palaumusica.org
Juli-Aug. tägl. 10-18 Uhr Sept.-Juni tägl. 10-15.30 Uhr und bei Konzerten.
Führungen in englischer, spanischer und katalanischer Sprache

(n 2) Parc Güell

1920 eröffnet, seit 1984 UNESCO-Weltkulturerbe. (Siehe Seite 80)
Eingang: Carrer d'Olot
Metro: L 3, Station Lesseps
Mai-Aug. tägl. 10-21, Nov.-Feb. 10-18, März-Okt. 10-19, Apr. u. Sept. 10-20 Uhr, Eintritt frei

(g 3) Casa Milà

Inmitten des „Quadrat d'Or" im Stadtteil Eixample. (Siehe Seite 80)
Casa Milà/Espai Gaudí
Passeig de Gràcia 92
Tel. 934 84 59 00
Mo-So 10-20 Uhr, Eintritt 7 €.

Von Anfang Juli bis Sept. öffnet die Dachterrasse an Feiertagen und Samstagen auch von 21 bis 24 Uhr: „La Pedrera de Noche" (Eintritt: 9 €)

(n 2) Museu Casa Gaudí

War zwischen 1905 und 1926 Wohnsitz von Gaudí. (Siehe Seite 80)
Parc Güell
Tel. 932 19 38 11
tgl. 10-18 Uhr, Ticket: 4 €

STREIFZUG

An keiner Stelle der Stadt sind die Meister des Modernisme besser zu vergleichen als in der Manzana de la Discòrdia; am Passeig de Gràcia 35-43 stehen drei berühmte Häuser:

(g 4) Casa Lleó Morera

Das Haus von 1905 mit der Nummer 35 wurde von Domènech i Montaner entworfen und ist heute Sitz einer Elektronikfirma und eines Verlages. An der Fassade sind die Errungenschaften der Technik eingearbeitet: Grammophon, Glühbirne, Telefon und Kamera.

(g 3) Casa Amatller

Architekt Puig i Cadafalch verpasste 1898 dem Haus Nummer 41 eine bunt geschmückte Keramikfront mit Galerie. Die Vorhalle mit Buntglastüren und Glasdach sind mehr als einen Blick wert.

(g 3) Casa Batlló

Das Haus mit der Nummer 43 wurde 1905-1907 zwar von Gaudí nur umgebaut, doch die untere Partie, die weichen geschwungenen Fassaden mit bunten Mosaiken, die Erker und hoch oben das reptilienhafte Dach zählen zu seinen Glanzstücken.
Passeig de Gràcia 43
Tel. 932 16 03 06
Mo-Sa 9-14, So 9-20 Uhr

KIRCHEN

(i 3) Sagrada Familia

Gaudís unvollendetes Meisterwerk ist Barcelonas älteste Baustelle und Wahrzeichen der Stadt. Antoni Gaudí begann 1883 mit dem Bau, ab 1911 arbeitete er ausschließlich an seiner „Predigt aus Stein" mit ihren drei monumentalen Fas-

Unterwegs

Metro
Übersichtspläne finden sich in allen Metrostationen. Lohnenswert ist eine 10er-Karte (targeta T-10-viatges, 6 €) an der Kasse der Metrostation, die auch für Bus und Straßenbahn (Trambaix) gilt. Die Metro fährt an Werktagen und am So von 5-24 Uhr, Fr, Sa und vor Feiertagen von 5-2 Uhr. Abends ist jeweils nur ein Eingang geöffnet.

Taxi
In Barcelona fahren rund 11 000 Taxis. Der Grundtarif beträgt von 6-22 Uhr max. 2,79 € und von 22-6 Uhr max. 3,48 €. Zuschläge werden für Fahrten ab und zum Flughafen, ab Bahnhöfen und an Taxiständen sowie für Koffer und Hunde berechnet. Freistafeln an der Fensterscheibe angebracht.

Bustouren für Touristen
Die Touristenroute fährt 40 Haltestellen an. Die Nordroute ist rot, die Süd-Route blau und die Fòrum-Route grün. Ein- und Aussteigen ist während der Strecke möglich, so dass einzelne Ausflugsziele besichtigt werden können – und das alles mit einem Ticket, das außerdem in vielen Sehenswürdigkeiten ermäßigten Eintritt beschert.
Tagesticket 17 €
2-Tagesticket 21 €

Die Torre de Telecomunicacions: spektakulär – aber schön?

MERIAN | TIPP

Joan Miró

Joan Miró wurde 1893 im Barceloniner Stadtteil Ciutat Vella geboren. Er gehört zu den bedeutenden europäischen Avantgardisten des 20. Jhs. Seine Bilder bilden ein eigenes Universum aus Zeichen und Chiffren: zarte, verspielte Figuren, die ihn äußerst populär machten. Miró wuchs in Katalonien auf, lebte später in Paris, der Normandie und von 1956 an bis zu seinem Tod 1983 auf Mallorca. Einen großen Teil seiner Werke brachte er in die Miró-Stiftung ein, die sie seit 1975 der Öffentlichkeit zugänglich macht.

Fundació Miró

217 Gemälde, das komplette grafische Werk und fast 5000 Zeichnungen sind hier zu sehen. Josep Lluís Sert entwarf das Haus, das hoch über der Stadt auf dem Montjuïc steht. *Geöffnet ab 10 Uhr, Okt.-Juni bis 19 Uhr, Juli-Sept. Di-So bis 20 Uhr, Do bis 21.30 Uhr, So bis 14.30 Uhr, Eintritt 7,20 €* **(d 6) Parc de Montjuïc** Tel. 934 43 94 70 www.bcn.fjmiro.es Metro: Funicular de Montjuïc

saden: Die „Fassade der Geburt Christi" ist nach Osten ausgerichtet, die „Fassade der Passion und vom Tode Christi" nach Westen, „Glorie und Auferstehung" nach Süden. Die Türme symbolisieren die zwölf Apostel, die Kuppel über der Apsis die Jungfrau. Nach dem Tod Gaudís 1926 entbrannte Streit um die Fortsetzung des Baus. Salvador Dalí und der französische Architekt Le Corbusier unterzeichneten das Manifest gegen den Weiterbau, trotzdem wird weitergewerkelt. **Plaça de la Sagrada Familia** www.sagradafamilia.org *Apr.-Sept. 9-20 Uhr, Okt.-März tgl. 9-18 Uhr, Ticket: 8 €*

(h 6) Santa Maria del Mar

Aus dem 14. Jh. stammt das schlichte gotische Gotteshaus, „Kathedrale des Volkes" genannt, da die Bevölkerung 1329 bis 1383 kräftig mitbaute. Das Seitenschiff ist genau halb so breit wie das Mittelschiff, aber so hoch wie die gesamte Kirche – ein harmonisches Ganzes. **Plaça de Santa Maria** *Mo-Sa 9-13.30 und 16.30-20 So 10-13.30 und 16.30-20 Uhr*

(g 5/6) Kathedrale La Seu

1298-1448 dauerte der Bau der dreischiffigen Kirche zu Ehren der Stadtpatronin Santa Eulàlia, deren Gebeine in einem Alabastersarg in der Krypta ruhen. Im Garten des Kreuzgangs stehen Palmen, plätschert ein Brunnen und wat-

Engel grüßen: vor La Seu, der Kathedrale der Stadtheiligen Eulàlia

scheln weiße Gänse, die gegen Mittag gefüttert werden. **Plaça de la Seu 3** www.website.es/catedralbcn *Innenraum: täglich 8-13.30 und 16-19.30 Uhr*

(f 7) Kolumbusdenkmal

Die Bronzestatue des Amerikaentdeckers wurde 1888 anlässlich der Weltausstellung errichtet. In der 50 Meter hohen Säule führt ein Fahrstuhl auf eine Aussichtsplattform. **Portal de la Pau** *Aufzug: Juni bis Sept. tägl. 9-20.30, sonst 10-18.30 Uhr*

MUSEEN

(h 6) Museu Picasso

1895 bis 1897 und 1903 bis 1904 lebte Pablo Picasso in Barcelona. Das Museum zeigt Gemälde, Skizzen, Zeichnungen und Radierungen des Künstlers. Vor allem die Blaue und die Rosa Periode sowie Arbeiten aus seiner Jugendzeit. **Carrer Montcada, 15-23** Tel. 933 19 63 10 www.museupicasso.bcn.es *Di-Sa u. feiertags 10-20 Uhr So von 10-15 Uhr, Eintritt: 6 €*

(f 5) Museu d'Art Contemporani de Barcelona (MACBA)

Mitten ins Altstadtviertel Raval wurde das moderne und helle

Gebäude des Museums für zeitgenössische Kunst gesetzt, ein Entwurf des amerikanischen Stararchitekten Richard Meier. Das Museum zeigt moderne katalanische Kunst, u. a. Werke von Miquel Navarro, Susanna Solana und vom berühmtesten lebenden Künstler der Stadt, Antoni Tapiès. **Plaça dels Àngels 1** Tel. 934 12 08 10 Metro: Catalunya L1/L3 oder Universitat L1/L2 www.macba.es *Mo-Fr 11-19.30, Sa 10-20, So 10-15 Uhr 25. Juni-25. Sept. Mo-Fr 11-20, Sa 10-20 Uhr, So 11-15 Uhr, Eintritt: 4,80 €*

(g 5) Museu Frederic Marès Museu Sentimental

Der katalanische Bildhauer (1893-1991) hatte zwei Leidenschaften: Skulpturen und Sammeln. Er sammelte auf seinen Reisen durch Spanien alles, was ihm in die Hände fiel, vor allem Gebrauchsgegenstände. Auf seiner ersten Ausstellung 1944 erklärte er, dass er seine Fundstücke der Öffentlichkeit zugänglich machen wolle. Heute sind diese im „Museu Sentimental" zu sehen. Die ebenfalls im Haus befindliche Skulpturensammlung reicht von der

Formen spielen: auf dem Dach der Joan-Miró-Stiftung

Prähistorie bis ins 20. Jh.
Plaça de Sant Iu 5-6
Tel. 933 10 58 00
Metro: Jaume, Linie 4
www.museumares.bcn.es
*Di-Sa 10-19, So und feiertags
10-15 Uhr, Eintritt: 3 €*

(c 5) Museu Nacional d'Art de Catalunya (MNAC)
1000 Jahre Kunst vom 10. bis zum 20. Jh. umfasst das MNAC. Weltberühmt ist die romanische Abteilung, die Fresken des 10.-12. Jhs. sowie die romanischen Holzschnitte.
Palau Nacional
Parc de Montjuïc
Tel. 936 22 03 60
Metro: Espanya (L1 oder L3)
www.mnac.es
*Di-Sa 10-19, So und feiertags
10-14.30 Uhr, Eintritt: 8 €*

(f 5) Centre de Cultura Contemporània (CCCB)
Das Kulturzentrum bietet ausreichend Platz für Avantgarde, Multimedia und Performance. Das Zentrum für junge Kunst und Kultur.
Carrer Montalegre 5
Tel. 933 06 41 00
www.cccb.org
Juni-Sept. Di-So 10-20, sonst Di, Do, Fr 11-14 u. 16-20 Uhr, Mi u. Sa 11-20, So 11-19 Uhr, Eintritt: 4 €

(m 2) Museu Monestir de Pedralbes
Schöner Klosterkomplex mit gotischem Kreuzgang und Wandmalereien von Ferrer Bassa.
Baixada Monestir 9
Tel. 93 20 39 282, www.bcn.es
Di-So und feiertags 10-14 Uhr, Eintritt 4 €

(c 4/5) Pavillon Mies van der Rohe
Für die Weltausstellung 1929 in Barcelona hatte Mies van der Rohe den Deutschen Pavillon geschaffen, eine Komposition aus strengen und klaren Linien, die aus Glas, Stahl und poliertem Naturstein entstehen. Leider wurde er nach der Ausstellung abgerissen. Zum 100. Geburtstag von Mies van der Rohe (1886-1969) wurde die getreue Nachbildung des Originals eingeweiht.
Av. Marquès de Comillas
Montjuïc, Tel. 934 23 40 16

Metro: Espanya (L1 oder L3)
www.miesbcn.com
tgl. 10-20 Führungen: Do u. Fr 17-19 Uhr, Eintritt: 3,50 €

EINKAUFEN

(f 6-g 5) Rambla
Die Flaniermeile Barcelonas, Rambla oder auch Rambles genannt, führt von der Plaça de Catalunya bis hinunter zum Hafen. Platanen werfen Schatten auf die Allee. Zeitungskioske, Blumenstände, Losbuden und ausklappbare Läden, die Vögel, Leguane, Wasserschildkröten und Schlangen anbieten, erfreuen das schlendernde Publikum. Beliebte Fotomotive sind die vielen Straßenkünstler.
Achtung: Taschendiebe.

MÄRKTE
Jeder Stadtteil hat seinen Markt oder eine Markthalle, in der es täglich ein reiches Angebot an Früchten, Gemüse, Geflügel, Fleisch und natürlich frischem Fisch gibt. Insgesamt existieren über 40 dieser Märkte. Oft sind die Markthallen wunderschön, reich verzierte Stahl-Glas-Konstruktionen aus dem 19. Jh. geben einen üppigen Rahmen. An der Rambla gelegen ist die Markthalle Mercat de Sant Josep, auch la Boqueria – der Bauch Barcelonas – genannt.
(f 5) Mercat de Sant Josep
Rambla 89
täglich außer So
(e 5) Mercat de Sant Antoni
(Markthalle) Carrer de Urgell
täglich außer So

AKTIV

Katalanisch kochen
„Cook & Taste" bietet Kochkurse in spanischer, englischer und französischer Sprache für je zehn Personen an. Kochfreunde erfahren alles über Zutaten und Zubereitung. Der Eintages-Kochkurs über dreieinhalb Stunden kostet 40 €. Bei einem Seminar über drei Tage zu 110 € wird ein vollständiges Menü zubereitet.
Cook & Taste
(f/g 6) Rambla 58 (3. Stock)
Tel. 933 02 13 20
info@cookandtaste.net
www.cookandtaste.net

Katalanisch trinken
Ein Tipp für Genießer, denen ihre Gesundheit völlig egal ist: Absinth ist grün und bitter, ab dem späten 18. Jh. war er ein Modegetränk. Picasso, Toulouse-Lautrec und Baudelaire waren Liebhaber dieser Spirituose mit Rauschwirkung, die nicht auf den Alkohol, sondern auf das Nervengift Thujon zurückgeht. Anfang des 20. Jhs. wurde Absinth daher in den meisten europäischen Ländern verboten – nur in Spanien nicht. Seit Anfang der 90er Jahre ist er, mit einem Bruchteil des früheren Thujon-Gehalts, überall erhältlich. Übrigens: Absinth wird nicht einfach geschluckt. Auf einer Kuchengabel über dem Glas wird ein Stück Zucker langsam mit Wasser begossen, bis der flüssige Zucker ins Glas tropft.

(f 6) London Bar
Keine Zugeständnisse an Stil und Moden: vorn eine schlichte Bar, hinten skurriles Kabarett.
Carrer Nou de la Rambla 34
Tel. 933 18 52 61
tgl. 19-5 Uhr

(f 6) Kentucky Bar
Hafenkneipe in einer der düstersten Gassen der Stadt,

Unterwegs

Modernisme-Route
Für alle Freunde des Jugendstils ist die Route mit dem Fahr-Kombiticket ein Muss: „La Ruta del Modernisme". Es gibt 50 % Ermäßigung auf Eintrittsgebühr oder Führungen in vielen Modernisme-Bauten.
Ticket: 3,60 €, vier Wochen gültig.
Verkauf in der Casa Amatller (g 3) Passeig de Gràcia 41

Barcelona Card
Diese Sammelkarte ist für einen Aufenthalt von ein bis fünf Tagen gedacht. Erlaubt die kostenlose Benutzung öffentlicher Verkehrsmittel und gibt starke Ermäßigungen auf Eintrittspreise in Museen und Veranstaltungen sowie in ausgewählten Restaurants und Geschäften.

Articket
gilt für die wichtigsten Kunstmuseen der Stadt. Gute Möglichkeit, in den Genuss reduzierter Eintrittspreise zu kommen.

Rambla-Abend: Barceloniner sonnen sich im eigenen Glanz

MERIAN | TIPP

Fußball ist alles

Je erfolgreicher „Barça" spielt, desto mehr ärgert sich der Rivale Real Madrid. Übersetzt heißt das: Madrid ärgert sich über das nach Unabhängigkeit strebende Barcelona. Und deshalb ist die Unterstützung des F. C. Barça für jeden Katalanen eine Frage der Ehre. Der Club zählt 110 000 Mitglieder, die jährlich 140 € Vereinsbeitrag zahlen. 250 Fanclubs gibt es in Katalonien – auf der ganzen Welt etwa 1000. Das Stadion hat Platz für 120 000 Zuschauer, und man kann es besichtigen: Von den Umkleidekabinen geht es, vorbei an einer kleinen Kapelle, zum Spielfeldrand und zum Abschluss in den Barça-Fan-Club.

(a 1) Museum

Der Ex-Präsident des F. C. Barça, Josep Lluís Núñez, sorgte für die Errichtung eines vereinseigenen Museums. Seit 1984 zählt es jedes Jahr 700 000 Besucher.
Museu F. C. Barcelona
Avda. Aristedes Maillols s/n
Metrostation: Collblanc
oder Maria Cristina
www.fcbarcelona.es
Mo-Sa 10-18.30, So 10-14 Uhr, Ticket 6 €, inkl. Stadionbesichtigung 9,90 €, Tel. 934 96 36 08

Stadion Nou Camp: Barça-Fans aus aller Welt

so schummrig, dass jeder gut aussieht.
L'Arc del Teatre 11
Di bis Sa 20-6 Uhr

(f 6) Bar Pastis

Große Auswahl an Anis-Likören, voll gestopft mit Frankreich-Reliquien. Wer Edith Piaf nicht mag, soll draußen bleiben.
Carrer de Santa Mònica 4
Tel. 933 18 79 80
So-Do 19.30-2.30 Uhr
Fr-Sa 19.30-3.30 Uhr

AKTIV

(e/f 7) Transbordador Aeri

Mit der Seilbahn geht es vom Montjuïc aus quer über das Hafenbecken von Barcelona. Zwischenstation ist die Torre Jaume I und Endpunkt die Torre Sant Sebastià, schon fast am Strand der Barceloneta. Die Bergstation auf dem Montjuïc liegt an der Plaça de L'Armada.
Alle 15 min. ab 10.30 Uhr, im Sommer bis 20, im Winter bis 18 Uhr, sonst bis 19 Uhr. Einfache Fahrt: 7,50 €
Retour: 9 €
Information an der Haltestelle Sant Sebastià:
Tel. 932 25 27 18
sowie an der Jaume I
Tel. 934 41 50 71
www.bcn.es

Drahtesel-Stadttour

Radeln statt Pflastertreten: Mit einem Begleiter geht es durch die Altstadt und den Hafen. Pause mit Getränk und Imbiss inklusive.
Für Gruppen Voranmeldung erbeten, auch Nachttouren oder Gruppenfahrten möglich.
Bike Tours Barcelona
Esparteria, 3, Tel. 932 68 21 05
info@biketoursbarcelona.com
www.biketoursbarcelona.com
Treffpunkt: Plaça Sant Jaume (vor Touristinfo), Start: tgl. 11 Uhr, März-Dez. auch Mo/Mi/Fr 16.30 u. Di/Do/Sa 19.30 Uhr, Dauer: 2,5 Std., Preis: 22 € (inklusive Begleitung, Getränk und Fahrrad)

PARKS

(h/i 6) Parc de la Ciutadella

Der größte und älteste Park ist Symbol politischer Niederlage und wirtschaftlichen Aufschwungs. Hier stand die Zitadelle, die der erste Bourbonenkönig Spaniens, Philipp V., nach der Einnahme Barcelonas 1716 errichten ließ. Mitte des 19. Jhs. wurde sie abgetragen, 1888 fand hier die Weltausstellung statt. Mehrere Museen und der Zoo von Barcelona sind hier zu Hause.
Metro: Arc de Triomf, Linie 1
Barceloneta, Ciutadella, Linie 4

(c 3) Parc de l'Espanya Industrial

In den 80er Jahren schuf der Architekt Luis Peña Ganchegui auf einem alten Fabrikgelände einen neuen Park. Türme, Skulpturen katalanischer Künstler und einen Wasserfall gibt es zu bestaunen, auf dem See kann man auch Boot fahren. Am schönsten, wenn abends die Lichter angehen.
Metro: Sants L3/L5

(b/c 6/7) Jardí Botànic

Der 14 ha große Botanische Garten wurde 1999 am Südwesthang des Montjuïc mit herrlichem Blick auf die katalanische Metropole angelegt. Der Garten ist in sechs globale Klimazonen eingeteilt: Kalifornien, Chile, Südafrika, Australien, Kanarische Inseln und Mittelmeerraum.
Carrer Doctor Font i Quer
Parc de Montjuïc
Tel. 934 26 49 35
www.jardibotanic.bcn.es
Nov.-März, Juli und Aug. tgl. 10-15 Uhr;
April bis Juni, Sept. und Okt. 10-17 Uhr

Als wenn man schwebt: mit der Seilbahn auf den Hausberg

(b-d 6/7) Montjuïc

Im Süden Barcelonas, auf dem gleichnamigen Hügel, liegt der Parc de Montjuïc, 1929 angelegt. Bei den Olympischen Spielen 1992 war der Hausberg mit dem Stadion, dem Palau Sant Jordi und den Sportanlagen Mittelpunkt des Geschehens. Am höchsten Punkt des Berges steht das Castell de Montjuïc. Die Sicht auf die Stadt ist von hier sensationell, interessanter Rundweg um die Burg.

(m/n 2) Tibidabo

Der Tibidabo ist der 512 Meter hohe Gipfel der Collserola-Hügelkette, die sich nordwestlich des Stadtzentrums erhebt. Von der öffentlichen Aussichtsplattform der 288 Meter hohen Torre de Collserola (Fernsehturm) von Norman Foster ist der Blick auf Barcelona grandios: das Meer, die Balearen, die schneebedeckten Pyrenäen und der Montserrat. Auf dem Berg befindet sich auch der sehenswerte Vergnügungspark vom Tibidabo. Wer nicht laufen möchte, kommt mit der Seilbahn nach oben.
www.torredecolserolla.com

Hafenrundfahrt

Es macht schieren Spaß, mit den schaukelnden Golondrinas übers Wasser zu gleiten. Die Fahrten gehen bis zum Olympischen Hafen oder zu den Rompeolas, den Wellenbrechern der äußeren Hafenmauer. Wer mag, kann ein einfaches Ticket kaufen

und zu Fuß durch die Barceloneta wieder in die Stadt gehen.
(f 7) Portal de la Pau, unterhalb des Kolumbus-Denkmals an der Kaimauer. Fahrplan hängt vom Wetter ab!
Tel. 934 42 31 06
www.lasgolondrinas.com
Kinder unter vier Jahren frei
Dauer ca. 35 Minuten

Pferdekutsche
Für kleine und große Prinzessinnen und Prinzen: die Fahrt mit der Pferdekutsche, einer Calessa, durch die Stadt. Abfahrt vom Portal de la Pau am Ende der Ramblas, nahe der Kolumbus-Säule.
Täglich von 12-20 Uhr
Dauer: 30 oder 60 Min.
Preis sollte man erfragen
Information und Reservierung:
Tel. 934 21 88 04

(g 7) L'Aquàrium
800 Lebewesen aus 300 Arten gibt es in 20 Bassins zu bestaunen. Durch ein riesiges Becken (4,5 Mio l) führt ein 80 m langer Glastunnel in die Unterwasserwelt. Muränen, Haie und Rochen tummeln sich in Augenhöhe.
Mo-Fr 9.30-21, Juli/Aug. 9.30-23 Uhr, Eintritt: 14 €, Kinder von 4-12 Jahren: 9,50 €
Moll D'Espanya del Port Vell
Tel. 932 21 74 74
www.aquariumbcn.com

(i 6) Zoo
7500 Tiere sind auf den 13 Hektar des 1892 eröffneten Tierparks zu Hause. Berühmtester Insasse war der Albino mit Namen Schneeflocke, der einzige weiße Gorilla der Welt, der hier von 1963-2003 lebte. Seine zahlreichen Nachkommen sind jedoch allesamt dunkelhaarig.
Parc de la Ciutadella
www.zoobarcelona.com
Tel. 932 25 67 80
Juni-Sept. 10-19 Uhr
Eintritt: Erw. 14 €,
Kinder von 3-12 Jahren: 8,50 €

(f 7) Museu Marítim de Barcelona
Die Ausstellung gibt Einblicke in die Zeiten, als Katalonien Seehandelsmacht im Mittelmeer war. Schiffe, Schiffsmodelle, Navigationsinstrumente, Seekarten sowie eine virtuelle Erlebniswelt. Besonders schön: der in Originalgröße ausgeführte Nachbau einer königlichen Galeone. Mit dem Eintrittsticket kann man das restaurierte Holzschiff Santa Eulàlia von 1918 besichtigen, das im Hafen an der Moll de la Fusta liegt.
Av. de les Drassanes
Tel. 933 42 99 20
Metro: Drassanes L3
www.diba.es/mmaritim
Mo-So 10-20 Uhr, Eintritt 6 €

(f 5) Granja Viader
Granja heißen die vielbesuchten Barceloniner Milchbars. Eine der stilvollsten ist die Granja Viader, versteckt in einer schmalen Gasse parallel zur Rambla. Hier gibt es vielerlei verlockende, stets frische Milchprodukte, beispielsweise raffiniert gemixte Frucht-Milchgetränke, köstliche Eis- und Sahnespeisen. Himmlisch: die „orxata" (Erdmandelmilch) und der hausgemachte Käsekuchen.
Granja Viader, Xuclà 4-6
Tel. 933 18 34 86
Metro: Liceu oder Catalunya

(F/G 6) Catalunya en miniatura
Rund 60 000 Quadratmeter groß ist der Unterhaltungspark, knapp 20 km außerhalb des Zentrums. Dort sind als Miniaturen im Maßstab 1:25 rund 150 bedeutende Bauwerke und Monumente aus Katalonien zu sehen, darunter auch das komplette Werk Gaudís sowie die romanischen Kirchen aus dem Boí-Tal in den Pyrenäen.
Torrelles de Llobregat
Tel. 936 89 09 60
www.catalunyaenminiatura.com
Okt.-Feb. Di-So 10-18
März-Sept. tgl. 10-19
Juli/Aug. tgl. 10-20 Uhr
Eintritt 9,50 €, Kinder 6,50 €

Stadtstrände

Baden, bräunen und Blicke anziehen – das macht man in Barcelona und zwar mitten in der Stadt.

(h 7) Platja de Sant Sebastià
Am westlichen Strand starten die Wellenreiter, er ist einen Kilometer lang.

(i 7) Platja de la Barceloneta
Im Schnitt 40 m breit, zieht er sich von dem Viertel Barceloneta bis zum Olympiahafen.

(k/l 7) Platja Nova Icària
Der erste Strand hinter dem Olympiahafen: 400 m lang und 40 m breit.

(n 3) Platja Mar Bella
Beliebter FKK-Strand: 500 m lang und 40 m breit.

MERIAN | TIPP

Parador de Cardona

Nur wenige Kilometer von der Stadt entfernt befindet sich eines der besten und bestgelegenen Hotels der Gegend: das Parador-Hotel von Cardona. Auf einer Landzunge in einer befestigten, mächtigen Anlage aus dem 9. Jh. sind auch ein römischer Turm und eine romanische Kirche zu besichtigen. Erhebender Blick über die Stadt und die vom Fluss Cardoner bewässerte fruchtbare Landschaft.

(E 4) Parador de Cardona
08261 Cardona (Barcelona)
Tel. 938 69 12 75
Fax: 938 69 16 36
cardona@parador.es
www.parador.es
Preise DZ ab 120 €

GEWUSST, WO

Informationsbüro:
(g 4/5) Plaça Catalunya 17
im Souterrain der Plaça
Barcelona
Tel. 933 04 31 35

MONTSERRAT

Die Mitte Kataloniens

Der Klosterkomplex liegt exponiert inmitten eines bizarren Gebirges. Verehrt wird hier die aus dem 12. Jh. stammende Schwarze Madonna Mare de Deu de Montserrat, auch La Moreneta (kleine Schwarze) genannt. Der Grund: Das Holz der Statue – sie soll vom Apostel Lukas geschnitzt worden sein – ist im Lauf der Zeit stark gedunkelt. Sehenswert: ein romanisches Portal, die Reste eines doppelgeschossigen gotischen Kreuzgangs (15. Jh.), das Museum mit Gemälden aus dem 12. bis 20. Jh. (u.a. El Greco, Picasso, Dalí) sowie die großartige Klosterbibliothek mit 200 000 Bänden und fast 2000 historischen Handschriften. Täglich um 13 und 19.15 Uhr singen in der Basilika Chorknaben mehrstimmige Chorwerke.
Nach Montserrat kommt man mit der Linie R 5 (Richtung Manresa) der Bahn-Gesellschaft FGC, die unterhalb der Plaça Espanya abfährt. Steigt man in der Station Aeri-Montserrat aus, fährt man mit der Seilbahn zum Kloster (F 5), steigt man eine Station später aus (Monistrol de Montserrat), fährt eine Zahnradbahn auf den Berg.
Infos: Tel. 932 05 15 15
www.fgc.net
Busverbindung:
Juliá-Tours, Tel. 933 17 64 54
und 933 17 62 09
Abfahrt täglich 9.30 Uhr von der Ronda Universitat 5.
Wandertouren im Montserrat-Gebirge bietet an:
Wikinger-Reisen
Kölner Str. 20, 58135 Hagen
Tel. (023 31) 90 46

SITGES

(F 7) Oficina de Turisme
Sínia Morera 1
Tel. 93 88 94 50 04
www.sitgestur.com
40 km südwestlich von Barcelona sind Hochhäuser tabu und Pauschaltouristen selten, das lockt erst recht. Neben dem Strandvergnügen bietet Sitges ein reizvolles Stadtbild mit kachelgeschmückten Häuschen. Hübsche Fußgängerzonen mit schicken Läden laden zum Bummeln ein und die Cafés zu einer Pause. Im Sommer ist Sitges überfüllt, am Strand herrscht Überschuss an schönen Männern, ein beliebtes Ziel für schwule Nachtschwärmer.

Ruta de los Americanos

Im 18. Jh. gingen viele Katalanen nach Kuba oder Puerto Rico. Manch einer der „Americanos" kam als reicher Mann zurück und baute sich einen Palast. So entstand eine Parade

Sitges: Es wird Abend, gleich kommen die schönen Nachtschwärmer

der Stile aus Neoklassizismus, Modernisme und Noucentisme. Im Fremdenverkehrsbüro gibt es eine Broschüre, mit der man sich auf die Spuren der „Americanos" begeben kann.

Museu Cau Ferrat

Im 19. Jh. scharte sich hier eine große Gemeinde um den Maler und Dichter Santiago Rusiñol. Im Wohnhaus des Jugendstil-Künstlers waren Maler wie Picasso und Utrillo und Musiker wie Albéniz und Manuel de Falla zu Besuch. Auf dem Klavier des Ateliers komponierte letzterer u.a. „Amor brujo".
Carrer Fonollar
Tel. 938 94 03 64
www.diba.es/museus/sitges.asp
Di-Fr 10-13.30, 15-18.30 Uhr
Sa 10-19, So 10-15 Uhr
Mitte Juni-Mitte Okt.
Di-So 10-14, 17-21 Uhr

VIC

Oficina de Turisme
Carrer de la Cituat 4
Tel. 938 86 20 91
www.victurisme.com
Mo-Fr 9-20 Uhr
Sa 9-14, 16-19, So 10-13 Uhr

Catedral

Die romanische Kathedrale mit Wehrturm (11. Jh.) wurde niedergerissen und in neoklassizistischem Stil wieder aufgebaut (eingeweiht 1803). Während des Bürgerkriegs wurde sie schwer beschädigt und bald darauf noch einmal erneuert. Sehenswert ist

Hauptsache bunt: Karneval in Sitges, der rosa Hauptstadt Europas

der gotische Altaraufsatz aus Alabaster von Pere Oller, der alle Zerstörung überlebte.
(G 4) Plaça Catedral
Tel. 938 86 20 91
tgl. 10-13, 16-19 Uhr

Museu Episcopal
Neben der Kathedrale findet sich die Bischöfliche Sammlung romanischer und gotischer Kunst. Holzschnitzereien, Wandgemälde, Fresken, aber auch Altarbilder sind hier zu sehen. Diese Sammlung ist die zweitwichtigste Kataloniens gleich nach dem Museu d'Art Catalunya in Barcelona.
Plaça Bisbe Oliba 3
Tel. 938 86 93 60
www.museuepiscopalvic.com
April–Sept. Di-Sa 10-19 So 10-14 Uhr, sonst Di-Fr 10-13 und 15-18 Uhr, Sa 10-19 So 10-14 Uhr, Ticket: 4 €

Würste aus Vic
Für Feinschmecker ein Muss: Hier gibt es die „Botifarras de Vic" – eine Wurst-Spezialität in vielen Variationen, z. B. mit Honig und Frischkäse zubereitet. Di und Sa frisch auf dem Markt am Plaça Major zu kaufen.

AKTIV

Castelldefels
Nur wenige Fahrminuten von Barcelona entfernt erstrecken sich über fünf Kilometer feinsandige Strände. Im Canal Olímpic, der für die Olympischen Spiele von 1992 konstruiert wurde, kann heute jeder Kanu fahren.
(F/G 6) Oficina de Turisme
Plaça de l'Esglèsia 1
Castelldefels
Tel. 936 64 23 61

Marineland
Hauptattraktion sind Delfine und Seelöwen, die ihre Geschicklichkeit vorführen. In der Papageien-Show zeigt das Federvieh, wie man rasant auf zwei Rädern fährt.
24. Juni-5. Sept. 10-19 Uhr sonst 10-18.30 Uhr Eintritt: Erw. 18,50 € Kinder 4-12 Jahre: 12,50 €
(I 5) Palafolls
Tel. 937 65 48 02
www.marineland.es

GEWUSST, WO

Informationsbüro
Rambla de la Llibertat 1
(I 4) Gerona (Girona)
Tel. 972 22 65 75
Fax 972 22 66 12

COSTA BRAVA

Die Costa Brava ist der nördlichste Küstenabschnitt Kataloniens. Die Küste erstreckt sich über rund 200 km von Portbou bis nach Blanes.

(K 2) Cadaqués
Aus den 2000 Einwohnern werden in der Hochsaison schon mal 20 000. Kein Wunder, denn schon André Breton, Paul Eluard, Max Ernst, Marc Chagall und Albert Einstein zählten seit Anfang des 20. Jhs. zu den Gästen. Auch heute besuchen neben Dalí-Fans immer noch viele Künstler und andere Berühmtheiten den katalanischen Ort. Bemerkenswert ist, dass in Cadaqués statt Fast-Food-Ketten lieber Galerien eröffnet werden, im Sommer sorgt ein Kulturprogramm für gehobene Unterhaltung.
Oficina de Turisme
Carrer Cotxe 2a
Cadaqués, Tel. 972 25 83 15

(K 2) Cap de Creus
Die östliche Spitze der Iberischen Halbinsel ist auf einer 6 km langen schmalen Stichstraße oder von der See her zu erreichen. Der alte Leuchtturm beherbergt ein Restaurant und einige Apartments.
Siehe auch S. 51

(H 3) Olot
Im Vulkanmuseum gibt es Informationen zu Wanderrouten, interessant ist auch eine Besichtigung der Basaltsäulen sowie des Vulkanstein-Parks.
Casal dels Volcans
Carretera Santa Coloma 43
Tel. 972266202

(H 3) Castellfollit de la Roca
Zwischen Besalú und Olot liegt dieser Ort weit im Innern des Flusstals des Fluvià. Der Ort steht auf einem 50 m hohen Basaltfelsen im Vulkangebiet, gefährlich genau auf der Kante.
www.castellfollitdelaroca.org

(H 3) Besalú
Einer der schönsten mittelalterlichen Orte Kataloniens. Wahrzeichen ist der Pont Fortificat aus dem 12. Jh., der den Riù Fluvià überspannt, Mittelpunkt ist die von Arkadengängen gesäumte Plaça Major. Die Kirche Sant Pere ist eine der bedeutendsten romanischen Kirchen Kataloniens und gehört zu dem gleichnamigen Kloster, das 977 gegründet wurde. Sehenswert ist auch eine „Miqwe", ein jüdisches Ritualbad aus romanischer Zeit. Es diente zeitweise als Becken für die Färbewerkstatt und war jahrelang zugeschüttet, bis es 1964 wieder freigelegt wurde.
Oficina de Turisme
Tel. 972 59 12 40
Führungen zur Miqwe
www.ajuntamentbesalu.org

FIGUERES

Empordà-Museum
Das Haus gibt einen Überblick über die Kunst und Archäologie der Region von der Vorgeschichte bis in die Gegenwart. Die katalanische Malerei des 19. und 20. Jhs. erfreut sich besonderer Aufmerksamkeit.
(I 3) Rambla 2
Tel. 972 50 23 05
www.museuemporda.org
Di-Sa 11-19, So/feiertags 11-14 Uhr, Mo (außer feiertags) und am: 1.1., 6.1., 25.12., 26.12. geschl., Eintritt: 2 €

Hotels Costa Brava

Hanoi Hotel, Begur
In ein altes Bürgerhaus aus dem 19. Jh. wurde dieses kleine Hotel mit nur acht Zimmern gebaut. Es herrscht elegante Gemütlichkeit, mit Patina und fernöstlichen Akzenten, denn die Familie des Besitzers stammt aus (richtig geraten:) Hanoi.
(K4) Carrer Santa Reparada 26
Begur, Tel. 972 62 33 00
www.girsoft.com/hanoi
DZ ab 80 €

Hotel Lindos Huéspedes, Pals
Abseits der Straße in einer ehemaligen Reismühle gelegen. Das Hotel hat nur sechs Zimmer, aber einen großen Garten. Ein stilles Fleckchen, in dem Neo-Country- und Old-Hippie-Geschmack aufeinander treffen.
(K4) Pals, Tel. 972 66 82 03
www.lindoshuespedes.com
DZ ab 150 €

Hotel Hostalillo, Tamariu
Tamariu ist ein kleiner Ort mit Strandbetrieb und lauschiger Bucht. Das Hotel liegt in Strandnähe, aber ein paar Schritte den Felsen hinauf. Auf der Terrasse mit Meerblick fühlt man sich dem Trubel nah und doch geborgen unter Pinien.
(K4) Carrer Bellavista 22
Tamariu, Tel. 972 62 02 28
DZ ab 80 €

Wo die Küste noch wirklich wild ist: Cap de Creus

Walter Benjamin

1940 hatte der Schriftsteller und Philosoph Walter Benjamin das Visum für die USA schon in der Tasche. Die Flucht vor den Nazis sollte ihn über Spanien nach Lissabon und ins amerikanische Exil führen.
Am 26. September hatte der 48-Jährige mit einer Gruppe Flüchtlingen Portbou erreicht. Sie alle hatten jedoch keinen französischen Ausreisestempel und sollten umkehren. Sie wurden in ein Hotel gebracht. Benjamin sah keinen Ausweg, er nahm sich in dieser Nacht das Leben. Damit rettete er allerdings das Leben seiner Mitflüchtlinge. Denn die Beamten waren so erschüttert, dass sie die anderen auch ohne den benötigten Stempel passieren ließen.
Seit 1994 erinnert die Installation „Passatges" des israelischen Künstlers Dani Karavan an den Tod von Benjamin. In der Nähe des Friedhofs sind Treppenstufen von eisernen Wänden umgeben. Die Treppe führt hinunter zum Meer, doch der Zugang ist durch eine Glasscheibe versperrt, es bleibt lediglich der Blick durch die Scheibe auf das Meer. Friedhof und Denkmal sind einen kurzen Spaziergang von der Uferpromenade von Portbou entfernt.
(K 2) Oficina de Turisme
Passeig de la Sardana 11
Tel. 972 39 02 84
Portbou
www.portbou.org

AUF DALÍS SPUREN

Figueres
Am 11. Mai 1904 wurde Salvador Dalí im Haus Nr. 20 (heute Nr. 6) in der Carrer Monturiol geboren. 1912 zog die Familie in Nr. 24 (heute Nr. 10) um. Die Stadtverwaltung hat das Gebäude gekauft und bald soll es Besuchern zugänglich sein.

Teatre-Museu Dalí
Nach dem Prado in Madrid das meistbesuchte Museum Spaniens. **(Siehe auch S. 44)** Werke: u.a. Port Alguer (1924), Das Gespenst des Sex-Appeals (1932), Weiches Selbstporträt mit gebratenem Speck (1941), Amerikanisches Gedicht – Die Athleten des Kosmos (1943) sowie die Installationen, die er extra für das Haus schuf: der Mae-West-Saal, der Windpalast, das Denkmal für Francesc Pujols und der Cadillac, in dem es ständig regnet.
Plaça Gala i Salvador Dalí 5
Tel. 972 67 75 00
Jan.-Juni und Okt.-Dez. 10.30-17.45 Uhr, außer Mo., Juli-Sept. tägl. 9-19.45 Uhr (auch Mo) Eintritt: 10 €

Rambla
Die Rambla ist gesäumt von Cafés und Restaurants. Dalí trank im damaligen Café „Emporium" Gin Fizz und arbeitete gemeinsam mit Luis Buñuel an dem Film „Ein andalusischer Hund".

(K 2) Cadaqués, Dalís Wohnhaus
Dalís Vater stammte aus Cadaqués und der kleine Salvador verbrachte mit seiner Familie hier die Ferien. Die Landschaft mit den dunklen Felsen und das Licht am Cap de Creus inspirierten Dalí zu zahlreichen Gemälden. 1930 kaufte der Meister seine erste Fischerhütte, es folgten im Lauf der Jahre weitere, die er dann zu einem Ganzen verwob. Nach dem Tod seiner Frau Gala verriegelte Dalí die Haustür. Seit 1997 steht das Haus zur Besichtigung offen.
Voranmeldung unter
Tel. 972 25 10 15 oder unter

Gironas altes Judenviertel ziert heute ein Davidsstern

pllgrups@dali-estate.org
www.salvador-dali.org
www.dali-estate.org
Täglich ab 10.30 Uhr geöffnet, 15. März-6. Jan. und 15. Juni-15. Sept. bis 21 Uhr, sonst bis 18 Uhr, Eintritt: 8 € Die tägliche Besucherzahl ist auf 480 beschränkt, alle 10 Minuten wird eine Gruppe eingelassen.

Museu Castell Gala Dalí
In den 70er Jahren war die mittelalterliche Burg von Púbol der Wohnsitz von Gala. Zu sehen sind neben den Elefantenstatuen im Garten Gemälde und Zeichnungen, die Dalí seiner Gala schenkte.
(I 4) Púbol
Tel. 972 48 86 55
www.salvador-dali.org
15. März-1. Nov., das restliche Jahr Besichtigungen in Gruppen nach Voranmeldung. 15. März-14. Juni; 16. Sept.-1. Nov. 10.30-18 Uhr , Mo geschl., 15. Juni-15. Sept. 10.30-20 Uhr, Eintritt 6 €

KLÖSTER

Sant Pere de Rodes
Die erste urkundliche Erwähnung geht auf das Jahr 878 zurück. Das romanische Bauwerk thront 500 m hoch in den Bergen und mutet eher wie eine Festung an. 944 war der Abt dem Papst unterstellt und das Kloster wurde reich. Anfang des 14. Jhs. ließen es sich die Mönche derart gutgehen,

dass ihr Ansehen erheblich litt. Sehenswert sind das Tonnengewölbe der Kirche und die mit Tierköpfen verzierten Kapitelle. Berühmt war die mittelalterliche Schreibschule Sant Pere. Das kostbarste Stück, die „Bibel von Rodes" aus dem 11. Jh. liegt allerdings in der französischen Nationalbibliothek in Paris.
(K 2) Camí del Monestir
El Port de la Selva
Tel. 972 38 75 59
www.mispaseos.com/santperederodes/
Anfahrt über das Vilajuïga nahe der Straße von Llançà nach Figueres. Vom Parkplatz (1,50 €) etwa 300 m zu Fuß.
Juni-Sept. Di-So 10-20 Uhr sonst Di-So 10-17 Uhr Ticket: 4 €, Di gratis

Monestir de Santa Maria de Ripoll
879 gegründet. Allein das romanische Westportal ist eine Reise wert. Obwohl die Zeit ihre Spuren hinterlassen hat – das Portal aus dem 12. Jh. ist nur notdürftig mit einer Glasplatte geschützt –, beeindruckt die Darstellung biblischer Szenen: die Offenbarung des Johannes im oberen Teil, darunter links der Auszug aus Ägypten, unten König David, von Musikanten umringt.
(G 3) Oficina de Turisme
Ripoll, Plaça l'Abat Oliba
Tel. 972 70 23 51
www.inforipoll.info

GIRONA

El Call

Das Centre Bonastruc ça Porta dokumentiert die Geschichte der Juden in Girona.
(I 4) (Siehe auch S. 60)
Carrer Força, 8
Tel. 972 21 67 61
Öffnung: Mo-Sa 10-18 Uhr
Sommer bis 20 Uhr,
So 10-15 Uhr, Eintritt: 4 €

Kathedrale

Der Kreuzgang stammt aus dem 12. Jh. Seine Kapitelle sind reich verziert mit biblischen und weltlichen Darstellungen. Im angeschlossenen Museum ein weiterer Schatz: der Schöpfungs-Teppich „Tapís de la Creació", aus dem 11. Jh.
(Siehe auch S. 60)
Tel. 972 21 44 26
www.lacatedraldegirona.com
Museum: Di-Sa 10-13 Uhr
Kathedrale: Di-Sa 10-13,
16.30-19 Uhr, So nachm. und
Mo geschl., Eintritt: 3,50 €

Museu del Cinema

Eine der bedeutendsten Sammlungen zur künstlerischen und technischen Filmgeschichte.
(Siehe auch S. 60)
Sèquia, 1, Girona
Tel. 972 41 27 77
www.museudelcinema.org
Mai-Sept. Di-So 10-20 Uhr
sonst Di-Fr 10-18 Uhr, Sa 10-
20, So 11-15 Uhr, Eintritt: 3 €

Banys Arabs – Arabische Bäder

Die Anlage aus dem 12. Jh. ist romanischen Ursprungs, ob-

wohl einige Elemente sie ausgesprochen maurisch erscheinen lassen. Auch im Mittelalter legte man Wert auf Luxus: ein Ruhe-Raum, ein Dampfbad und unterschiedlich temperierte Bäder zählten zum Programm. Sehenswert das Frigidarium mit seiner Kuppel.
Carrer Ferran el Catòlic, Girona
Tel. 972 21 32 62
www.banysarabs.org
Sommer Di-Sa 10-19 Uhr
So 10-14 Uhr, Winter Di-So
10-14 Uhr, Eintritt: 1,50 €

Ausflug

Wie eine Perle glänzt der mehr als einen Quadratkilometer umfassende See von Banyoles – der einzige artesische See Kataloniens, als Erfrischung sehr beliebt. Er hat keinen Zufluss, Quellen am bis zu 100 m tiefen Grund liefern ständig Frischwasser. Dies ist auch der Grund, warum Schwebstoffe ihn undurchsichtig und daher legendenanfällig machen. Auf dem See von Banyoles fanden 1992 die Ruderregatten der Olympischen Spiele statt.
(I 3) 20 km nördlich von Girona auf der C 66
www.banyoles.org

AUS ALTER ZEIT

Poblat Ibèric de Ullastret

Eine der größten Iberersiedlungen in Spanien. Schon im 6. Jh. vor Christi betrieben die Iberer Geschäfte mit den Phöniziern, den Etruskern und den Griechen. Sie bauten rechteckige Steinhäuser auf festen

Fundamenten, in denen sie die Töpferscheibe bedienten und Eisen verarbeiteten. Ab 450 v. Chr. lebten die Iberer hier in Wohlstand und betrieben weiterhin Handel mit den Griechen. Ab dem 4. Jh. v. Chr. übernahmen die Römer die Siedlung und als sie sich 218 v. Chr. im benachbarten Empúries niederließen, endete die schillernde Zeit von Ullastret. Anfang des 2. Jhs v. Chr. wurde die Stadt aufgegeben. 1947 begannen die Ausgrabungen. Das angeschlossene Museum beherbergt die Fundstücke aus der Ausgrabungsstätte.
(K 3) Museu d'Arqueologia de Catalunya
Puig de Sant Andreu
Ullastret
Tel. 972 17 90 58
Ausgrabungsstätte: Juni-Sept.
Di-So 10-20 Uhr, sonst -18 Uhr
Museum 14-15 Uhr geschl.
Ausgrabungsstätte frei
Museum Eintritt: 2,55 €

Empúries

Im 6. Jh. v. Chr. gründeten Griechen hier eine Handelskolonie. Durch die stete Zuwanderung der Griechen war eine neue, größere Siedlung von Nöten. Diese wurde „Emporion" (Marktplatz) genannt und gelangte durch Handel zu Reichtum. Im 3. Jh. v. Chr. nahm Scipio der Ältere mit seinen Truppen die Kolonie für Rom ein. 195 v. Chr. war die Stadt Festungsstützpunkt gegen die Iberer. Caesar beschlagnahmte die Kolonie Mitte des 1. Jh. v. Chr. Im 1. und 2. Jh. n. Chr. erreichte die Siedlung den Höhepunkt ihrer Bedeutung, und im 3. Jh. wurde sie vom fränkisch-alemannischen Heer zerstört. Sehenswert sind die Tempel zu Ehren des Gesundheitsgottes Asklepios, die Wasserleitungen sowie die Reste der Mosaikfußböden. Auf dem Gelände befindet sich auch ein Museum.
(K 3) 2 km nördlich von L'Escala, oberhalb der Küste
Museu d'Arqueologia de Catalunya
L'Escala-Empúries
Tel. 972 77 02 08
Juni-Sept. Di-So 10-20 Uhr, Winter 10-18 Uhr, Eintritt: 1,80 €

Still ruhen der See und das Bootshaus im Jugendstil: in Banyoles

MERIAN | BIOTOP

Natur am Ebro

Der „Riu Ebre" verzweigt sich in seinem Delta auf 320 km² – ein riesiges Feuchtgebiet aus Lagunen, Känälen und Reisfeldern. Die so genannten Ullals, kleine Süßwasserlagunen, sind Heimat für rund 330 Vogelarten, Tausende von Vögeln machen hier im Winter Station. Neben Kuh-, Seiden- und Purpurreihern sind auch Flamingos auf der Halbinsel zu Hause. Für sechs der insgesamt zwölf Zonen ist der Zugang gesperrt. Vor einem Besuch empfiehlt sich ein Besuch im Ökologie-Museum. Hier gibt es auch Tipps für Bootsausflüge durch dichte Schilfgürtel, u.a. um die Insel Buda. Neben Ausstellungen bietet das Haus auch Wanderungen auf verschiedenen Naturlehrpfaden an.

(N 9) Deltebre
Ecomuseu
Martí Buera, 22
Tel. 977 48 96 79
www.parcsdecatalunya.net
Sommer: Mo-Fr 10-14, 15-19 Uhr, Winter: Sa 10-14, 15-18, So 10-14 Uhr, Eintritt: 1,50 €
Fahrradverleih:
Hilari Pagà, Avinguda
Goles de L'Ebre 301
Tel. 977 48 05 49
und 933 00 64 58
www.ciclespols.com

GEWUSST, WO

Provinz Tarragona
(D 7) Oficina de Turisme
Carrer Fortuny 4, Tarragona
Tel. 977 23 34 15
www.tarragonaturisme.es
www.gencat.net/turistex_nou
www.costadaurada.org
Mo-Fr 9.15-14, 16-18.30 Uhr, Sa/So 9.15-14 Uhr

TARRAGONA

Münzfunde aus dem 6. Jh. v. Chr. und Reste einer Stadtmauer belegen die Existenz einer iberischen Siedlung in Tarragona. 218 v. Chr. eroberten die Römer das Dorf. Kaiser August machte Tarraco zur Hauptstadt, eine der bedeutendsten Städte des Römischen Reiches wuchs heran. Seit 2000 UNESCO-Weltkulturerbe.

RÖMISCHES
Pretori Romà

Aus dem 1. Jh. n. Chr. stammt der „Turm". Das Gebäude wurde im 12. Jh. zur Residenz des Königs umgebaut. Im 15. Jh. wurde es vom Militär genutzt und diente später als Gefängnis, heute als Museum.
Eingang über der Plaça del Rei, von dort geht es weiter zum römischen Zirkus. Tel. 977221736
Ostern bis Sept. Di-Sa 9-21 Uhr So bis 15 Uhr, Winter bis 19 Uhr, Eintritt: 2 €

Circ Romà

Wagenrennen, Christengemetzel und andere Vergnügungen fanden in dieser 325 x 115 m großen Rennbahn statt. Einige der bis zu 100 m langen und erstaunlich breiten unterirdischen Gänge aus dem 1. Jh. n. Chr. sind erhalten.
Tel. 977221736
Ostern bis Sept. Di-Sa 9-21, im Winter bis 19 Uhr, So 15-19 Uhr. Ticket für Pretori und Circ Romá: 2 €

Amfiteatre Romà

Bis zu 12 000 Zuschauer fanden hier bei den Gladiatorenkämpfen im 2. Jh. Platz. 1952 wurden die Reste ausgegraben.
Ostern bis Sept. Di-Sa 9-21, im Winter bis 17, So 9-15 Uhr Ticket: 2 € Parc del Miracle

Muralles de Tarragona

Die Stadtmauer, im Volksmund auch „Zyklopenmauer" genannt. Die unterste Schicht aus großen Blöcken soll aus der iberischen Zeit des 6. Jh. v. Chr. stammen. Die anderen Schichten sind römisch. Der Torre del Arquebisbe dagegen stammt aus dem 14., die Anlage außerhalb der Mauern aus dem 18. Jh.
Ostern bis Sept. Di-Sa 9-21 So 9-15 Uhr, sonst Di-Sa 9-17 Uhr, So 10-15 Uhr, Ticket: 2 €

SEHENSWERT

Catedral de Santa Tecla

Der Bau der dreischiffigen Kirche zog sich von 1171 bis 1331 hin. Bemerkenswert ein Kapitell im romanischen Kreuzgang: Es zeigt eine Gruppe Ratten, die eine Katze zu Grabe tragen.
Pla de la Seu, Tarragona
Tel. 977 23 86 85
Juli-Okt. 10-19 Uhr, feiertags geschl., Nov.-März 10-14 Uhr, Ticket: 2 €

Bühne für Gladiatoren: das Amphitheater in Tarragona

Museu y Necròpolis Paleocristiana

Bei den Bauarbeiten für eine Tabakfabrik kam 1923 ein Feld aus 2050 Gräbern zutage sowie eine frühchristliche Basilika. Die Gräber stammen aus dem 3. bis 6. Jh. und geben Aufschluss über unterschiedlichste Bestattungsriten. Ein Schatz: die Marmorplatte mit drei Figuren, die aus Karthago stammen soll.
Avinguda Ramon y Cajal
Tel. 977 21 11 75
Juni-Sept. Di-Sa 10-13 u. 16.30-20, sonst Di-Sa 10-13.30 u. 15-17.30 Uhr So jeweils 10-14 Uhr, Ticket: 2,40 €

KLÖSTER

(D 6) Monestir de Poblet
Drei Tore führen ins Zisterzienserkloster: Durch das Tor von Prades gelangt der Besucher in die Lagerstätten und Wirtschaftsräume. Neben einer Kapelle führt der Weg durch die Porta Daurada auf den Plaça Major. Hier befindet sich auch die Klosterkirche von 1162. Durch die Porta Reial geht es in den innersten Bereich, der neben dem 87 m langen Schlafsaal auch einen Weinkeller aufweist. Gegründet wurde der imposante Bau 1150 von Ramon Berenguer IV. Seit 1991 Weltkulturerbe.
Vimbodí (Tarragona)
Tel. 977 87 02 54, der Vibasa-Bus fährt 3-mal tägl. zwischen Tarragona und Lleida und hält am Kloster
Di-Sa 10-12.30, 15-17.30, So 10-12.30 Uhr, Führungen alle 15-30 Minuten Eintritt: 4,40 €

(E 6) Monestir de Santes Creus
1158 gründete Ramon Berenguer IV. auch dieses Kloster. Bis

Leben vor Klostermauern: Sardana im Monestir des Santes Creus

ins 18. Jh. wurde daran gebaut. Besonders schön: der gotische Kreuzgang mit seinen ausgeschmückten Kapitellen und der 48 m lange Schlafsaal, der über dem Kapitelsaal liegt.
Monestir de Santes Creus
Tel. 977 63 83 29
30 km nordöstl. von Tarragona, über die Ausfahrt 11 der Autobahn 2
Mitte März-Mitte Sept. Di-So 10-13, 15-18 Uhr, im Winter 10-13.30, 15-16.30Uhr
Ticket: 3,60 €, Di gratis

(D 6) Santa Maria de Vallbona
1153 wird das Schwesternkloster in Vallbona de les Monges von Ramon de Vallbona gegründet. Noch heute leben hier Nonnen nach den Regeln des Zisterzienserordens: 7 Gebete am Tag müssen sein. Die Ordensschwestern betreiben auch eine Keramikwerkstatt und bieten 20 Gästezimmer.
Vallbona de les Monges
Tel. 973 33 02 66
(gehört zur Provinz Lleida)
www.vallbona.com
In der Woche: 10.30-13.30, 16.30-18.30, So und feiertags: 12-13.30, 16.30-18.30 Uhr. Im Winter schließt das Kloster um 18 Uhr

HÖHLENMALEREI

Abric d'Ermites de la Serra de Godall
Die Höhlenmalereien (6000-5000 v. Chr.) in Ulldecona sind die best erhaltenen in Katalonien. Die Jagdszenen sind Teil einer ganzen Reihe prähistorischer Zeichnungen am spanischen Mittelmeer, die aus der Mittel- und Jungsteinzeit stammen und zwischen 15 000 und 7000 Jahre alt sind. Seit 1998 Unesco-Weltkulturerbe.
Anmeldung unter:
Oficina de Turisme d'Ulldecona
(M 10) Passeig de l'Estació
Ulldecona (Tarragona)
Tel. 977 57 33 94
www.ulldecona.org
Führungen organisiert das Touristenbüro

Cabra-Feixet/El Perellò
Inmitten der Berge unter einem natürlichen Abris befinden sich diese äußerst realistisch gemalten Jagdszenen. Sie gehören zu den ältesten Darstellungen ihrer Art (15 000 Jahre). Auch sie gehören zum Unesco-Weltkulturerbe.
(N 9) El Perellò

EL VENDRELL

Museu Pau Casals
Pau Casals, am 29. Dezember 1876 in El Vendrell geboren, wurde der berühmteste Cellist seiner Zeit. Die Neubelebung der Suiten für Violoncello solo von Johann Sebastian Bach zählte zu seinen Passionen. Das Haus in El Vendrell war sein Zuhause, bis er 1939 ins Exil ging.
Av. Palfuriana, 59
(E 7) Sant Salvador (El Vendrell),
Tel. 9 77 68 42 76
www.paucasals.org
15. Juni-15. Sept. Di-Sa 10-14 und 17-21, So und feiertags 10-14 Uhr, übrige Zeit abends bis 18 Uhr, So und feiertags bis 14 Uhr.
Im Sommer findet in El Vendrell das Pau-Casals-Festival statt.

REUS

Reus
Die Altstadt, das Geburtshaus von Antoni Gaudí sowie eine Reihe von Häusern des Modernisme machen Reus zu einem schönen Ziel. Die Casa Navàs (1901-1907) von Domènech i Montaner am Hauptplatz Plaça del Mercadal.
(D 7) Casa Navàs,
Plaça del Mercadal, 5
Führungen entlang der Route des Modernisme gibt es Sa um 11 Uhr.
12 km westlich von Tarragona
Patronat Municipal de Turisme i Comerç
Carrer de Sant Joan, 43
Reus, Tel. 977 77 81 49
www.reus.net/turisme/

TORTOSA

Castell de la Suda
Bis 1148 residierten die Araber auf dem Kastell. Heute ist die Festung ein Parador, ein staatliches Hotel der Spitzenklasse. Der Aufstieg lohnt wegen der Aussicht auf Stadt und das Ebro-Tal.
Castillo de la Suda
(M 9) 43500 Tortosa
Tel. 977 44 44 50
www.parador.es

Kathedrale
Ab 1347 dauerte der Bau 410 Jahre. Die dreischiffige Hallenkirche mit sieben Seitenkapellen ist eine der größten Spaniens. Ein Paradebeispiel katalanischer Gotik mit beeindruckenden Dimensionen und großer Schlichtheit.
Croera, 43500 Tortosa

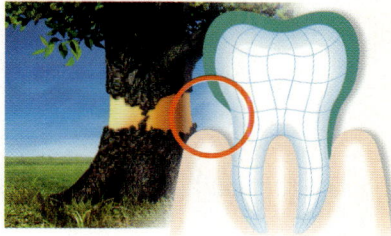

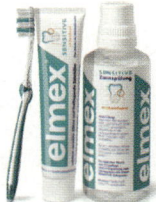

Setmana Tràgica

Die fünf blutigen Tage von Barcelona

Der Platz an der Sonne, zumindest in Übersee, war für die ehemalige Kolonialmacht Spanien dahin. 1898 verlor das Land alle Besitzungen in der Karibik und im Pazifik, nachdem es sich der Seeübermacht der USA im Spanisch-Amerikanischen Krieg beugen musste. König Alfons XIII. und Premier Maura, der vor allem in Katalonien bei den Wahlen 1907 einen überwältigenden Sieg einfuhr, konnten und wollten sich mit diesem herben Verlust nicht arrangieren. Marokko sollte für Ausgleich sorgen. Mit Ceuta (1668) und Melilla (1497) war der Anfang schon gemacht; 1909 sollte der Rest mit Hilfe eines Reservistenheeres annektiert werden. Dieser Plan löste bei großen Teilen der Bevölkerung nicht gerade Begeisterung aus, mussten doch Männer aus ihren Reihen in den verlustreichen Kampf gegen die nordafrikanischen Berberstämme ziehen. Vor allem aus der sozialistisch und

Nach dem Aufstand: Hinrichtung in Barcelona

antikolonialistisch geprägten Stadt Barcelona wurden Arbeiter zum Kampf für das angeschlagene Heimatland verpflichtet. Nur wenige konnten sich vom Wehrdienst freikaufen, der anwachsende Protest mündete in einen von den Gewerkschaftsführern ausgerufenen Generalstreik. Die Eskalation der Revolte, die „Setmana Tràgica" von Barcelona, bricht Ende Juli aus: Vom 24. bis 31.7. geht die Stadt in einem Chaos von Wut und Zerstörung unter. Die Anführer der Revolte verlieren die Kontrolle über die zornigen Massen. Insgesamt 56 Einrichtungen der obrigkeitshörigen Kirche werden niedergebrannt. Der damalige Innenminister De la Cierva lässt den Aufstand nach fünf Tagen blutig niederschlagen: 17 Todesurteile werden gefällt, fünf von ihnen mittels Erschießen vollstreckt.

Unter den Getöteten war auch der international bekannte Reformpädagoge Francesc Ferrer i Guàrdia, Leiter und Begründer der „Escola moderna". Sie war mit ihren antiautoritären und weltlich-rationalen Prinzipien der streng katholischen Führungsschicht Spaniens schon immer ein Dorn im Auge gewesen. Lauter Protest von nationalen wie internationalen Größen (George Bernard Shaw, H. G. Wells oder A. C. Doyle) konnte die Hinrichtung nicht verhindern, zwang aber Premier Maura zum Rücktritt und machte aus Ferrer i Guàrdia einen Märtyrer. Für die Menschen in Katalonien und ganz Spanien änderte sich erst mal nichts: Es herrschten weiterhin fatale Lebens- und Arbeitsbedingungen. *Text: Sabine Mayer*

Olympisches Turmspringen: 1992 war Barcelona wieder obenauf

um 1000 v. Chr. Kelten und Iberer besiedeln Spanien. Phönizier und Griechen gründen Städte.

197 v. Chr. Rom teilt das Land: Hispania Citerior im Norden mit der Hauptstadt Tarraco (Tarragona) und Hispania Ulterior im Süden.

415 Barcelona wird von König Athaulf erobert und bis zum 8. Jh. Hauptstadt des Westgoten-Reiches.

785 Karl der Große herrscht im nördlichen Katalonien. Die Spanische Mark gilt als Vorläufer des heutigen Katalonien.

998 Offizielles Geburtsjahr der katalanischen Nation: Graf Borrell II. von Barcelona erreicht politische Unabhängigkeit.

12. Jh. bis 1410 Das Königreich Katalonien-Aragonien beherrscht das gesamte westliche Mittelmeer.

1232-1316 Ramon Llull, Literat und Philosoph, etabliert *català* als Schriftsprache.

1333 Schwarze Pest: Barcelona verliert mehr als die Hälfte seiner Einwohner.

1469 Die Heirat von König Ferdinand II. von Aragonien mit der Thronfolgerin Isabella von Kastilien verlagert die wirtschaftliche und politische Macht nach Madrid.

1640-1652 Volksaufstand gegen die kastilische Regierung in Madrid. Der spanische Vizekönig wird ermordet.

1659 Der Krieg zwischen Spanien und Frankreich wird beendet, Katalonien verliert Teile an Frankreich.

11. Oktober 1714 Barcelona wird im Zuge des Spanischen Erbfolgekrieges von Philipp V. von Bourbon erobert. Heute wird an diesem Tag der Nationalfeiertag Diada gefeiert.

1833 Bonaventura Aribau leitet mit seiner „Ode an das Vaterland" die katalanische Renaixença ein.

1888 Weltausstellung in Barcelona.

1893 Anarchisten zünden eine Bombe im Opernhaus Gran Teatre del Liceu in Barcelona.

1909 Die Gewalt regiert für fünf Tage in Barcelona: „Setmana Tràgica" (s. Kasten).

1914 Gründung der Mancomunitat, einer Art Regionalregierung Kataloniens.

1923 Staatsstreich des Generals Primo de Rivera: Diktatur über Spanien. Die Mancomunitat wird aufgelöst, die katalanische Kultur unterdrückt.

1936-1939 Spanischer Bürgerkrieg. General Franco putscht, u. a. von Hitler-Deutschland unterstützt.

26. Januar 1939 Francos Truppen nehmen Barcelona ein. Der Gebrauch des *català* wird verboten. Todeskommandos töten unzählige „Aufständische".

1975 Tod Francos. Juan Carlos I. wird König von Spanien.

1979 Katalonien erhält einen Autonomiestatus mit eigenem Parlament. Die Zweisprachigkeit wird anerkannt.

1992 Olympische Spiele in Barcelona.

2004 Der Parteiführer der Esquerra Republicana, Josep-Lluís Carod-Rovira, wird beschuldigt, mit der ETA einen Friedensschluss für Katalonien ausgehandelt zu haben. Die ETA und Carod-Rovira bestreiten das.

18. Februar 2004 Die ETA verkündet einen Waffenstillstand nur für Katalonien, woraufhin die katalanische Koalitionsregierung fast zu Bruch geht.

ZUM LESEN

Carlos Ruiz Zafón
Der Schatten des Windes
Verschachtelte Geschichte, die im geheimnisvollen Friedhof vergessener Bücher beginnt und das Barcelona bis zum Tiefpunkt der Franco-Diktatur einfängt.
Insel Verlag, 2003
24,90 €
Auch als Hörbuch bei
Hoffmann & Campe
2004, 7 CDs, 29,90 €

Manuel Vázquez Montalbán und sein Pepe Carvalho
Privatdetektiv Pepe Carvalho – Ex-Intellektueller, Ex-Kommunist und CIA-Agent – hat mehr als 20 Fälle geknackt. Montalbáns Krimifolge spiegelt die politische und soziale Wirklichkeit seit Francos Tod wider: vom Militärputsch über den Wahlsieg der Sozialisten, das Facelifting der Polizei, die Knittermode von Adolfo Domínguez bis hin zu getürkten Literaturpreisen.

Landeskinder

Pau Casals (1876-1973), Cellist aus El Vendrell (Provinz Tarragona); baute sein erstes eigenes Instrument aus einer Pampelmuse.

Antoni Tàpies (geb. 1923) Seinen ersten Kontakt mit moderner Kunst hatte er elfjährig durch eine Kunstzeitschrift. Zwei Jahre später begann der Autodidakt zu malen.

Charlie Rivel (1896-1983) „Akrobat schöön!" stellte er sich vor, sein Markenzeichen waren die rote Nase und ein enger Pullover. Den Vornamen lieh er sich von Charlie Chaplin.

Josep Borrell (geboren 1947) zog einst auf einem Esel durch die Dörfer bei Lleida, um das Brot seines Vaters zu verkaufen. Heute ist er Präsident des EU-Parlaments.

Verloren im Labyrinth
Manuel Vázquez Montalbán
Piper, 2004, 7,90 €

Alicia Giménez-Bartlett
Boten der Finsternis
Aber da sind auch noch die anderen Plattfüße: die scharfzüngige Inspectora Petra Delicado, die ständig die hilflosen Beamten der Policía Nacional aufmischt. Mit ihrem Assistenten Garzón knackt sie einen unglaublichen Fall, der das ungleiche Ermittlerpaar bis nach Moskau führt.
Broschiert, Lübbe, 2005
8,90 €

George Orwell
Mein Katalonien
Bericht über den Spanischen Bürgerkrieg
Der weltreisende Sozialist Orwell („1984") kämpfte im Bürgerkrieg gegen Frankisten und Stalinisten.
Diogenes, 2003, 10,90 €

Walt Disney
Picasso-Raub in Barcelona
Zeichnungen und Texte dieses Bandes stammen von dem Team Aguilar/Pujol und dem Bargadà-Studio in Barcelona. Auf Seite 21 das barceloninische Motto „Wer wacht, erlebt die Nacht".
Aus Onkel Dagoberts
Schatztruhe, Bd. 2
Ehapa Comic Collection
Egmont Manga & Anime
August 2004, 9 €

BARCELONA

Markus Jakob
Die Zähmung der tosenden Stadt
Barcelonas Weg der letzten 20 Jahre – aus der Nähe beobachtet.
Picus Verlag, 2001
13,90 €

Phyllis Richardson
Barcelona. StyleCityTravel
Wo lässt es sich am besten schlafen, essen, trinken und shoppen? Designerhotel oder noble Herberge im Modernisme-Stil, Tapas-Lokal oder Sternegastronomie, Weinbar oder In-Club, die neueste Mode oder die köstlichsten Schokoladenkreationen: Hier findet jeder etwas Schönes.

Christian Verlag, 2003
19,95 €

Pepe Navarro (Foto)
Andreu Ulied (Text)
Nuevas Barcelonas
Momentaufnahmen aus dem Alltag und einfühlsame Porträts der Stadt.
Lunwerg Editores, 2004
34,50 €
(Katalanisch-Englisch)

Harald Klöcker
Barcelona MERIAN live!
Travel House Media, 2004
7,95 €
Kompakter Taschen-Reiseführer mit vielen Tipps und Adressen. Gut strukturiert. Sehr praktisch: 12 Seiten Kartenatlas

Thomas Schröder
Barcelona
Rundgänge durch alle Winkel der Stadt bis hin zu den Trend-Vierteln El Raval und El Born. Mit großem Serviceteil mit Hotels, Restaurants und Szene-Tipps.
Michael Müller Verlag
2004, 12,90 €

KATALONIEN

Reisehandbücher für individuelles Reisen und Entdecken:

Thomas Schröder
Katalonien
Michael Müller Verlag, 2003
18,90 €

Hans-Jürgen Fründt
Katalonien
Reise Know-How Rump
2005, 19,90 €

Köstlichkeiten

Würste
Embotits Katalanische Würste
Botifarra blanca/negre Weiße oder schwarze Schweinewurst, gekocht in Eintöpfen oder mit gebratenen Hülsenfrüchten
Bul Gekochte Wurst aus Zunge, Ohren und Schnauze
Llonganissa Luftgetrocknete Würste
Fuet Getrocknete Wurst
Salsitax Rohe Bratwurst
Xorç Pikant gewürzte, luftgetrocknete Paprikawurst

Saucen
All-i-oli Herzhafte cremige Knoblauchsauce, die zu Fleisch-, Reis- und Nudelgerichten gereicht wird
Romesco Pastenartige Sauce aus Mandeln, Haselnüssen, Knoblauch und pikanten Paprika, die zu Kartoffeln, Fisch und Frühlingszwiebeln serviert wird

Süßes
Catànies Mandeln mit feinster Schokolade überzogen
Torró Süßigkeit aus Mandeln und Honig in dicken Tafeln und den verschiedensten Varianten von knusprighart bis butterweich
Crema catalana Eiercreme mit Guss aus karamellisiertem Zucker, kalt serviert
Coca feiner Zuckerkuchen, verschiedene Varianten zu verschiedenen Festtagen mit kandierten Früchten, Pinienkernen oder Kürbismarmelade

Zuckersüßer Nachtisch, auch gern zwischendurch: Crema catalana

MERIAN | HOTELS

Alle katalonischen Hotels haben ein blaues Schild mit Sternen am Eingang. Die Anzahl orientiert sich eher an der Ausstattung des Hotels als an der Qualität des Service. Alle Hotels sind verpflichtet ihre Preise an der Rezeption und im Zimmer auszuhängen. Preise gelten pro Zimmer und sind meist ohne Mehrwertsteuer angegeben, (zurzeit 7 %).
www.spain.info
www.allukhotels.com
www.hrs.de

Paradores
Sieben der erstklassigen und staatlich betriebenen Hotels gibt es in Katalonien. In Aiguablava, Artíes, Cardona, La Seu D'Urgell, Vic, Vielhal und Tortosa. Die Buchung kann über Central de Reservas in Madrid oder im Reisebüro und Internet erfolgen.
www.parador.es

Auf dem Lande
Associaciò Fondes de Catalunya
(n 6) Ramòn Turrò 63-65
08005 Barcelona
Tel. 902 31 4 2 49
www.casafonda.com

Federaciò D'Entitats Excursionistes de Catalunya
(f 6) La Rambla 41, 1 er
08002 Barcelona
Tel. 93 412 07 77
www.feec.org

Turisverd
(f 5) Plaça Sant Josep Oriol 4
08002 Barcelona
Tel. 93 412 69 84
www.turisverd.com

Xara D'Albergs de Catalunya
(d 3/4) Carrer de Rocafort
116-122, 08015 Barcelona
Tel. 93 483 83 41
www.tujuca.com

DATEN

Landesname
Comunitat Autonoma Catalunya, eine der 17 autonomen Regionen Spaniens
Flagge La Senyera, vier waagerechte rote Streifen auf gelbem Grund für die Provinzen Barcelona, Girona, Lleida, Tarragona
Fläche 31 932 km²
Bevölkerung 6 090 000
Größte Stadt Barcelona, zweitgrößte Stadt Spaniens
Waldfläche 44 %
Landwirtschaftlich genutzte Fläche 36 %
Wirtschaft Katalonien erarbeitet 20 % des spanischen Bruttosozialprodukts

ANREISE

Lufthansa und Iberia fliegen **Barcelona** täglich an. Air Berlin und Easy Jet (ab Berlin) bieten Direktflüge nach Barcelona an. Air Berlin: Flug von Hamburg bis Barcelona ab 79 €, Easy Jet ab Berlin nach Barcelona ab 24,99 €.

Ryan Air fliegt nach **Girona und Reus.** Flug ab Frankfurt Hahn bis Girona mit Rynair: ab 16,99 €, Flug ab Frankfurt Hahn bis Reus ab 19,99 €.

Der **Flughafen** von Barcelona liegt 12 km südlich des Zentrums. Eine Taxifahrt in die Innenstadt kostet etwa 20 €. Nahverkehrszüge (Rodalies) oder der Aerobus kosten 3,45 €. Der fährt an Werktagen alle 15 min. von 5.30-11.15 und Sa und So von 6-11.15 Uhr bis zur Plaça Catalunya.

Dokumente
Reisepass oder Personalausweis. Nicht-EU-Bürger benötigen ein Visum für die Einreise, wenn sie länger als drei Monate bleiben wollen.

INFORMATION

Spanisches Fremdenverkehrsamt
Myliusstr. 14
60323 Frankfurt am Main
Tel. (061 23) 991 34
Fax (061 23) 991 51 34
www.spain.info

Turisme de Catalunya
Palau Robert, (g 2) Passeig de Gràcia 107, 08008 Barcelona
Tel. 932 38 40 00
www.catalunyaturisme.com

Deutsches Konsulat
(g 2) Passeig de Gràcia 111
08008 Barcelona
Tel. 93 2 92 10 00
Fax. 93 292 10 02
Consaelm_bcn@inicia.es

TELEFONIEREN

Landesvorwahl
Spanien: 0034, danach die neunstellige Rufnummer.
Deutschland: 0049, die 0 der Ortsvorwahl entfällt

Handy
Anrufe aus der Heimat kosten 0,59-0,69 € pro Minute bei Vertragskunden. SMS kostet rund 0,50 € Aufschlag. MMS sind 1 € teurer als zu Hause.
Günstig Telefonieren Preiswert ist die Calling Card „Euro Hours" mit 240 Minuten für 6 €. Sie ist in Barcelona am Kiosk auf den Ramblas, in Supermärkten der Pakistanis und in Telefonstuben (locutorios) vor allem in den Vierteln Ciutat Vella und Gràcia erhältlich.

Informationen über kulturelle Veranstaltungen
(f/g 5) Centre de Informació Palau de la Virreina, Rambla 99
Barcelona Informació: 010
Telefon-Auskunft zu allen Themen rund um die Stadt, nicht auf Deutsch, dafür aber immerhin auf gebrochenem Englisch.

Notrufnummern
Landesweit: 112
Policia=Polizei,
Bombers=Feuerwehr,
Ambulància=Krankenwagen
Policia Nacional: 091
Guàrdia Urbana (Barcelona, Lleida, Girona, Tarragona): 092
Guàrdi Urbana auf der Rambla Barcelona: 933 44 13 00
Feuerwehr Barcelona: 080
Lleida, Girona, Tarragona: 085
Notarzt Barcelona: 061
landesweit: 112

Fundbüro in Barcelona
Oficina d'Óbjectes Perduts
(g 6) Carrer Ciutat 9
Metro: Liceu

Tel. 934 02 31 61
Flughafen-Tel. 932 98 33 49
Mo-Fr 9-14 Uhr

Öffnungszeiten
Die meisten Museen haben montags geschlossen. An den Werktagen sind die Museen in der Regel von 10-14 und 17-20 Uhr geöffnet.

Polizei
Die **Guàrdia civil** in olivgrünen Uniformen. Sie kontrollieren Grenzen und Flughäfen und sind ein paramilitärischer Polizeiverband.
Die **Policia Nacional** trägt blaue Uniformen und ist für schwere Verbrechen in Großstädten und die nationale Sicherheit zuständig. Nicht zu verwechseln mit der **Guàrdia Urbana**, die ebenfalls blau trägt. Sie kontrolliert den Verkehr und das Leben in den kleinen Gemeinden.
In Barcelona
Auf der Rambla 43, gibt es eine Wache der Stadtpolizei „Guardia Urbana", die meist 24 Stunden geöffnet hat. Einige Beamte sprechen Deutsch, in jedem Fall aber Englisch.
Tel. 933 44 13 00
In der Via Layetana 43, gibt es eine für Frauen eingerichtete Polizeidienststelle mit 24-Stunden-Service.
Tel. 932 90 36 99

SICHERHEIT

Achtung, Diebe
Wir müssen es leider sagen: Wenn Sie mit aufgeschlagenem Stadtplan, umgehängter Kamera und legerem Freizeitlook in Barcelona unterwegs sind, haben Sie eine gute Chance, ausgeraubt zu werden. Die angewandten Methoden reichen vom geschickt eingefädelten Taschendiebstahl bis zum groben Straßenraub, selbst auf den feinen Ramblas und am Strand sind Sie davor nicht sicher. Verlassen Sie sich nicht auf die Polizei (sie ist nicht da) oder auf Ihre Mitmenschen (werden selbst gerade ausgeraubt). Tragen Sie lieber keine Wertsachen bei sich und vertrauen Sie auf den alten und nach wie vor bewährten Brustbeutel.

info@galeriadelsangels.com
www.galeriadelsangels.com
Di-Sa 12-14 und 17-20.30 Uhr

(g 3/4) Galería Joan Prats

Die „Joan Prats" liegt im Eixample, wo sich zu Beginn der 50er Jahre die meisten Galerien angesiedelt haben. Hier hatte auch der Hutfabrikant und Kunstsammler Joan Prats sein Geschäft, das er in eine Galerie umfunktionierte. Prats verband seit seiner Jugend eine Freundschaft mit Joan Miró. Beide gehörten einem Künstlerzirkel an, zu dem auch Antoni Gaudí zählte. Joan Prats förderte den Surrealismus, den Informel und den abstrakten Expressionismus. 1976 übernahm Juan de Muga die Galerie. Heute präsentiert sie auf allen großen internationalen Kunstmessen die einheimischen Künstler, auch viele ausländische Künstler haben hier schon ausgestellt.
Rambla de Catalunya 54
Tel. 932 16 02 90
galeria@galeriajoanprats.com
Di-Fr 10.30-13.30 Uhr
und 17-20.30 Uhr

DESIGN

In den 80er Jahren glich Barcelona einem riesigen Design-Puzzle und es regnete internationale Preise. Doch nach Olympia überkam die katalanischen Designer erst Katerstimmung und dann die Krise. Eine wirtschaftliche und eine inhaltliche. In den letzten Jahren findet unter den Designern der „längst fällige Normalisierungsprozess statt".
Siehe auch S. 66

(m 2) Museu de les Arts Decoratives

Einen guten Überblick verschafft man sich im Museu de les Arts Decoratives, das im Königspalast Palau Pedralbes untergebracht ist. Die permanente Ausstellung erklärt die Entwicklung des hiesigen Designs und zeigt Arbeiten aller relevanten Gestalter.
Diagonal 686
Tel. 932 80 50 24
www.museuartsdecoratives.
bcn.es
Di-Sa 10-18 Uhr, So u. feiertags

10-15 Uhr, 1.1., 1.5., 24.6.,
25 und 26.12 geschl.

(a 1) Galería H₂0

Die Schriftstellerin Ana Planella und der Architekt Joaquín Ruiz Millet eröffneten 1989 ihre Galerie im Stadtteil Gràcia, in einem Gebäude mit Garten und Palmen. Beide wollten den Künstlern und Kunsthandwerkern dieses Viertels so nah wie möglich sein. Die Galerie begann mit einer Ausstellung über den holländischen Architekten Ben van Berkel und ist heute der wichtigste Treffpunkt für Designer.
Verdi 152, Tel. 934 15 18 01
galeria@h2o.es
www.h2o.es
Di-Fr 11-13 u. 17.30-20 Uhr
Sa 11-13 Uhr

(f 5) Espai Ras

Ein Treffpunkt, der Buchhandlung, Galerie und Forum ist. Die Ausstellungen verbinden verschiedene Disziplinen wie Grafikdesign, urbane zeitgenössische Kultur, Musik und Architektur. Der angeschlossene Verlag Actar bietet die passenden, oft experimentellen Bücher dazu.
Carrer Doctor Dou 10
Tel. 934 12 71 99
ras@oike.com
www.actar.es
Di-Sa 13-21 Uhr

(g 3) Vinçon

Freunde des katalanischen und spanischen Designs müssen zu Fernando Amat. Sein Kaufhaus ist ein lebendiges Designer-Museum in einem prachtvollen Jugendstilhaus mit mehr als 10 000 Produkten, vor allem Gebrauchs- und Einrichtungsgegenstände mit funktionalem Design einheimischer Kreativer.
Passeig de Gràcia 96
Tel. 932 15 60 50
www.vincon.com, *Mo-Sa 10-14*
u. 16.30-20.30 Uhr

(f 5) Forvm Ferlandina

Der elegante Laden von Beatriz Würsch und Tanja Fontane in der Ferlandina ist einzigartig: Mehr als 60 europäische Schmuckdesigner werden ständig im Ausstellungsraum präsentiert, mal gewagt avantgardistisch, mal brav und tradi-

tionell. Im hinteren Teil des Ladens befindet sich eine Schmiede, die dem Besucher Einblick in kreative Arbeit gibt.
Carrer Ferlandina 31
Tel. 934 41 80 18
www.forvmjoies.com
Di-Fr 11-14 und 17-20.30 Uhr
Sa 11-14 Uhr, Aug. geschl.

Architektur und Design

Dieser kleine Führer in Taschenbuchformat gibt einen Überblick über Architektur und Design in Barcelona. Die innovativen Entwürfe der letzten fünf Jahre in Bild und Text. Ein Kleinod bei Entdeckungsspaziergängen.
Martin Nicholas Kunz:
Barcelona architecture & design,
teNeues, 2004, 12,90 Euro

LEBEN

Siesta

Zwischen 14 und 17 Uhr haben in Katalonien die meisten Geschäfte geschlossen.

Sprache

Katalanisch ist kein Dialekt, sondern eine eigene Sprache. Der Sprachraum reicht vom französischen Perpignan bis nach Alicante. Auch in Andorra, an der Grenze zu Aragonien, auf den Balearen, im französischen Roussillon und in der sardischen Gemeinde Alghero wird Katalanisch gesprochen. Ein „bon dia" anstelle von „buenos días" und ein „adeu" anstelle von „adiós" und ein „gràcies" anstelle von „gracias" aus dem Munde eines Besuchers hat schon so manchem Katalanen ein breites Lächeln entlockt.

Toiletten

Es gibt wenige öffentliche Toiletten in Barcelona. Fragen Sie in einem Café, Hotel, Bar und Restaurant nach „serveis" oder „wàter" (katalanisch) oder nach „servicios" oder „aseos" (spanisch).

Trinkgeld

Trinkgeld hat in Katalonien nicht so eine große Bedeutung wie im restlichen Spanien, dennoch gibt man zwischen 5 und 10 Prozent. Das gilt auch für Taxifahrer und Hotelboys.

(f 4) Händchen halten

Der kleine Garten mit Bänken im Innenhof der Universität ist seit Jahren der geheime Treffpunkt für Verliebte – jetzt nicht mehr.
Universitat Central
Plaça Universitat

TRADITION

(g 5) Sardana

Für den katalanischen Nationaltanz bedarf es eines kleinen Orchesters, der Cobla, in der die Bläser den Ton angeben. Jeder kann mitmachen, egal welchen Alters oder welcher Herkunft. Die Tänzer stellen sich im Kreis auf, fassen sich an die Hände und tanzen eine festgelegte Schrittfolge. Die Füße wippen im Takt und tippen in einem bestimmten Rhythmus auf den Boden. Sie werden im Rhythmus der Musik gekreuzt und einen Schritt weiter platziert, während die Hände in Kopfhöhe gehalten werden. Zu Francos Zeiten war die Sardana verboten. Als Zeichen des Widerstands versuchte man, den katalanischen Tanz aber trotzdem weiter aufzuführen. Die Sardana wird in ganz Katalonien sonntags auf Marktplätzen, vor Kirchen und Kathedralen getanzt.
In Barcelona: Pla de la Seu vor der Kathedrale
So ab 12 Uhr

Menschentürme – Castells

Um einen Turm aus Menschen zu errichten, braucht es Kraft, Gleichgewicht, Mut und Gemeinschaftssinn. Genau das Richtige für Katalanen. Und so geht's: Ein Dutzend Männer bilden die erste Ebene. Darauf steigen mindestens vier, die wiederum die nächste Ebene aus vier Menschen tragen. Je weiter der Turm wächst, desto kleiner müssen die Kletterer sein. Zum Schluss dürfen nur noch Kinder in die Höhe. Gelungen ist ein Castell, wenn alle Beteiligten wieder heil herunterklettern können. Die Kür der Menschentürme ist ein Torre des Nou, neun Etagen zu je einer Person.

(e 4) Porquesi

2003 eröffnete das Restaurant, das sich ab Mitternacht in eine Chill-out- und Lounge-Bar verwandelt. Am Wochenende legt ein DJ Beach House und Funky House auf. Perserteppiche, alte Flugzeuglampen und Video-Projektionen sorgen für schöne Barstunden.
Comte Borrell 122
Tel. 934 54 82 45
Metro: L 1 Urgell
www.porquesi.com

(h 6) Barroc Café

Das 150 qm große Café hat zwei Räume: einen zum Tanzen und einen zum Plaudern.
Carrer del Rec 67
Tel. 932 68 46 23 *Mo-Fr 15-3, Sa und So 16-3 Uhr*

(g 5) Bar Jardí

Dieser Innenhof mit Terrassencafé im ersten Stock gehört zu einem Einkaufszentrum mitten in der Stadt. Hier kann man wunderbar Kaffee trinken und Zeitung lesen.
Portaferrissa, 17 (wo das Kamel am Eingang steht)
Mo-Sa 10-21 Uhr

EINKAUFEN

(a 6) Gitanomarkt

Der bunte und laute Zigeunermarkt findet sonntags statt. Mehrere Straßenzüge voll mit rund 150 Ständen, an denen vor allem Klamotten verkauft werden: von Unterwäsche über Pullover und Blusen bis hin zu Markenjeans, Parfüm, aber auch Paellapfannen, Gewürze und CDs. Zur Mittagszeit wird es sehr voll. Da schiebt man sich millimeterweise vorwärts, und dann wird der Markt zum Paradies für Taschendiebe.
Mercat Eduard Aunós
Plaça del Nou 1
So 9-14 Uhr

(g 6) Sita Murt

Der elegante Laden im Carrer Avinyó gehört Sita Murt, die sich dem Leitsatz „Less is more" verschrieben hat. Das wird im Innenraum sichtbar, der in Metall gestaltet ist. Durchbrüche leiten Licht in den Laden, der sich über zwei winzige Verkaufsgeschosse zieht. Die Damenkollektion ist auf Strickwaren spezialisiert, auch Leinen, Baumwolle und Seide verwendet Murt gern: mal brav, mal elegant und zeitlos. Ihre Farbpalette reicht von seichten Pastellfarben bis zu gewagten, lebhaften Farbkombinationen.
Avinyó 18, Tel. 933 01 00 06
Mo-Fr 10.30-14 und 16.30-20.30, Sa 10.30-20.30 Uhr

(g/h 6) Vila Viniteca

Die „mythischen" Cavas und Weine findet man in der gut sortierten Vila Viniteca im Born. Der 41-jährige Joaquim Vila vertreibt neben den Cavas von Llopart und Rovellats i Codorníu die Cavas von Gaston Coty exklusiv in ganz Spanien. Seine Kunden: die besten Restaurants des Landes. Im schlichten Laden, in dem sich Flaschen bis zur Decke stapeln, informieren ausgebildete Sommeliers über Raritäten und Neuentdeckungen.
Agullers, 7, Tel. 932 68 32 27
www.vilaviniteca.es
Mo-Sa 8-15 u. 17-21 Uhr

Empfehlenswerte Cavas:
Recaredo Reserva Particular '96;
Mestres Mas Via '95;
Gran Caus Parisad '98;
Raventós i Blanc Reserva Personal '98;
Mas Tinell Cristina Extra Brut 2000;
Torelló Gran Reserva Brut Nature 2000

GALERIEN

(g 4) Galería Toni Tàpies

Seit 1988 verlegt der Sohn des berühmten Tàpies einzigartige Kunstbücher, selbstverständlich auch von seinem Vater.
Consell de Cent 282
Tel. 934 87 64 02
www.tonitapies.com
Di-Fr 10–14 u. 16-20 Uhr
Sa 11-14 u. 17-20.30 Uhr

(f 5) Galería dels Àngels

Emilio Álvarez hat ein gutes Gespür für junge Künstler. Für etwa 20 von ihnen ist die Galerie ein ständig wachsendes Forum.
Carrer dels Àngels 16
Tel. 934 12 54 54

Satellitenbild

Aus 700 Kilometern Höhe überschaut der Satellit Meer, Berg und Ebene. Gleich hinter der Costa Brava erhebt sich das Küstengebirge auf bis zu 770 Meter, nordwestlich von Vic beginnen die Ausläufer der Pyrenäen, die sich bis auf fast 3000 Meter an der französischen Grenze erheben

KARTENLEGENDE

BLICK INS LAND

Wer nichts mehr von Großstadt oder Strandleben hören und sehen mag, dem sei eine Wanderung im Naturschutzgebiet des Montseny empfohlen. Auf halbem Wege zwischen Barcelona und Girona bietet das Gebirge überraschende Einsamkeit und erfrischende Kühle. Wer auf den Bus angewiesen ist, kann diese mittelschwere Wanderung allerdings nur am Samstag machen. Und das ist durchaus empfehlenswert: Bus fahren ist in Katalonien ein soziales Ereignis.

Wegbeschreibung

Neben der Bushaltestelle **Ermita de Santa Fé** befindet sich der **Infopunkt Can Casades** des Naturschutzparkes, hier bekommt man Karten und genaue Wegbeschreibungen. Der Weg geht erst 15 min. an der Landstraße entlang bis zum Parkplatz Passavets (linke Seite). Der Anstieg führt dann links neben dem Bachberg in steilen Serpentinen durch einen Buchenwald. Nach Verlassen der Baumgrenze geht es dann über einen grasbewachsenen Weg weiter. Nach ca. zwei Stunden ist man auf der Coll Sesbases, ca. 50 Meter unterhalb des Turó de l'Home

(1706 m). Nach weiteren 10 Min. ist man auf dem Gipfel. Bei guter Sicht entdeckt man Barcelona, die Tramuntana von Mallorca und die Pyrenäen. Danach geht es ein Stück die Landstraße hinunter und dann über einen grasbewachsenen Kamm auf die **Les Agudes** (1705 m).

Für den Abstieg bis zur Bushaltestelle braucht man ca. 90 Min. Man steigt den Gipfel auf gleichen Weg wieder hinunter bis zum grasbewachsenen Kamm. Achtung: Der Anfang ist nicht gut ausgeschildert, aber auf der linken Seite geht ein Weg durch den Buchenwald, dort finden sich die ersten roten Markierungen.

Man kommt oberhalb des Parkplatzes auf die Landstraße, in die man rechts einbiegt. Nach ca. zehn Min. erscheint der Parkplatz und 15 Min. später ist man an der Haltestelle. Kurz davor befindet sich links Seite ein schlichtes **Gasthaus**.

Mit Picknick dauert der Ausflug etwa fünf Stunden, der Höhenunterschied beträgt 581 m. Wanderschuhe, Proviant und Getränke sollte man mitnehmen, außerdem Stöcke und wetterfeste Kleidung. Von Herbst bis Frühjahr zählen dazu auch eine warme Jacke, Mütze und Handschuhe.

Orientierung: Bis zum **Turó de l'Home** führen grüne Pfeiler, dann sieht man den Gipfel der **Les Agudes**. Beim Abstieg helfen rote Markierungen an Steinen und Bäumen.

Mit dem Bus

Abfahrt: *9.30 Uhr Busbahnhof auf dem Parkplatz hinter der Metrostation* **Fabra i Puig** *(rote Linie), der Bus, der nach* **Granollers** *fährt (Busunternehmen Sagalés),* 2,30 €.
Abfahrt **Granollers:** *10.15 Uhr auf Gleis 13, der Bus der nach* **Sant Celoni** *fährt (Busunternehmen Barcelona Bus),* 1,90 €
Ankunft in Sant Celoni: *10.45 Uhr Abfahrt : 10.50 Uhr (der Bus wird nicht gewechselt),* 1,80 €. **Ankunft in Ermita de Santa Fé:** *11.45 Uhr Rückfahrt in Richtung* **Barcelona:** *17 Uhr. Dem Busfahrer von der Morgentour auf jeden Fall sagen, dass man auch wieder zurückfährt.*
Auskunft über die Busverbindung:
Tel. 935 93 11 12
www.sagales.com

Das Fremdenverkehrsamt informiert auch über Wanderungen im Naturpark Parc de Collserola, gleich hinter Barcelona.
Oficina de Informació Turística (s. S. 108) Tel. 932 85 38 34

MERIAN | FESTE Von Riesen und Drachen

6. Januar: Heilige Drei Könige
Am Vorabend der Dreikönigsfestes findet ein Umzug statt, bei dem die Heiligen Drei Könige Süßigkeiten an die Kinder verteilen. Die nicht brav waren, bekommen nur ein Stück Kohle. Zu Weihnachten gibt es keine Geschenke, sie werden am 6. Januar verteilt.

12. Januar: Santa Eulàlia In der Altstadt Barcelonas wird die Schutzpatronin Eulàlia gefeiert.

17. Januar: Els Tres Tombs
In verschiedenen Stadtteilen Barcelonas reitet eine Garde zu Ehren des Heiligen Antonius in Frack und Zylinder.

20./21. Januar : Pelegrì de Tossa Größtes Ereignis in Tossa de Mar: eine Wallfahrt zum Gedenken an die Pestopfer.

Karneval Unter der Herrschaft von Franco verboten. Heute ein buntes und ausgelassenes Fest. Der **Karneval von Platja d'Aro** an der Costa Brava hat sich zum drittgrößten Spaniens entwickelt.

Diumenge de Rams / Palmsonntag In allen Kirchen werden Palmenzweige gesegnet. In der Region Girona in vielen Kurorten auch Passionsspiele.

Gründonnerstag In Verges in der Provinz Girona führen Männer einen Totentanz auf. Der „Dansa de la mort" soll auf das 14. Jh. zurückgehen.

Setmana Santa / Karwoche bis Ostern Am Karfreitag werden Kreuze durch die Straßen getragen, am Ostermontag schenken Paten ihren Patenkindern Eierkuchen.

23. April: Dia de Sant Jordi
Zu Ehren des Schutzpatrons Kataloniens – des Heiligen Georgs – und zum Todestag Cervantes' 1616, schenken Männer ihrer Liebsten Rosen. Die revanchieren sich mit einem guten Buch. Die Katalanen „exportierten" diesen edlen Brauch – 1995 erklärte die Unesco den 23. April zum Welttag des Buches und der Autorenrechte.

Festa de la Sardana Fest des traditionellen katalanischen Volkstanzes Sardana am Sonntag nach Sant Jordi: Im ganzen Land

wird auf der Straße getanzt.

Fronleichnam In Sitges schmücken Blumenteppiche die Straßen, in Berga tanzen Monsterdrachen durch die Stadt.

23./24. Juni: Revetlla de Sant Joan/Mittsommernacht
In Barcelona und Blanes finden große Feuerwerke statt. In Tarragona startet der Wettbewerb um die größten Menschentürme der Provinz – die Castells.

24. Juli: Santa Cristina
Das größte Fest von Lloret de Mar. Eine kleine Flotte von Fischerbooten bringt die Statue der Jungfrau an Land.

Eine Woche vor dem 15. August: Festa major de Gràcia Jeder Stadtteil in Barcelona feiert seine eigene „Festa", die größte gibt's im Stadtteil Gràcia.

11. September: La Diada de Catalunya Nationalfeiertag in Katalonien mit Kundgebungen und Gedenkfeiern zum Verlust der Unabhängigkeit im Jahre 1714. Überall wird die katalanische Flagge gehisst.

24. September: Festa de la Mercè / Fest zu Ehren der Senyora de la Mercè Mit Messen, Konzerten und Tänzen. „Correfoc" – der Feuerwerksumzug mit Feuer speienden Drachen, mit Monstern und Riesen, den „Gegants".

29. September: Sant Miquel Straßenfest zu Ehren des Heiligen im Fischerviertel von Barcelona.

12. Oktober: Festa de la Hispanitat Spanischer Nationalfeiertag anlässlich der Entdeckung Amerikas 1492 – in Katalonien verhasst, viele Protestdemonstrationen.

1. November: Tots Sants/Allerheiligen Die Konditoreien bieten „Panellets", Konfekt aus Mandelcreme und Marzipan, an. Die Familien bringen die Gräber ihrer Ahnen auf Hochglanz.

Cap d'Any/Silvester
Das bringt Glück: Mit jedem Schlag der Mitternachtsglocke wird eine Weintraube gegessen.

Klettern bis zum Umfallen: Ein Castell ist erst gelungen, wenn alle unten sind

ETIKETTE

Katalanen grüßen an Bushaltestellen, in Aufzügen oder Geschäften, auch wenn sie sich gar nicht kennen. Händeschütteln ist dagegen nicht so verbreitet wie in Deutschland. Frauen und Männer geben sich die Hand und küssen sich meistens links und rechts auf die Wange. Freunde und Familienmitglieder umarmen und küssen sich.
Frauen immer mit „Señorita" ansprechen, da „Señora" nur als Anrede für sehr alte Damen gilt.

Im Eingangsbereich des Restaurants wartet der Gast, bis der Kellner ihm einen Tisch zuweist. Besser nicht eigenmächtig an einen freien Tisch setzen! Auch nicht als Fremder ungefragt zu Einheimischen an einen Tisch setzen, sie empfinden das als aufdringlich.

Die Rechnung wird normalerweise für den gesamten Tisch ausgestellt und der Rechnungsbetrag wird anschließend von den Gästen geteilt.

ESSEN

Fürstlich speisen
Essen zu gehen ist für Barceloniner ein sinnlich-geselliges

Ereignis, ein Ritual – für Geschäftspartner, Freunde oder die ganze Familie. Hier wird mindestens zwei Stunden später gegessen als in Hamburg und München. Die Restaurants füllen sich ab 14 und abends nicht vor 21 Uhr. Im Ferienmonat August haben die meisten Restaurants geschlossen.

(h 7) Villoro
Der kugelrunde Enrique stammt aus einem kleinen Dorf hinter der katalanischen Grenze. Am Sonntag kommt hier der traditionelle Hammelbraten auf den Tisch. Ansonsten gibt es Leckereien wie gekochten Vorderschinken (Lacón), kleine gebratene Tintenfische (pulpitos), „Oktopus galizisch", Kutteln, Schnecken und luftgetrockneten Schinken aus Teruel.
Passeig de Joan de Borbó Comte de Barcelona 73
Tel. 932 21 48 04
Mittagsmenü 12 €, à la carte 25 bis 35 €, Mi-Mo 8.30-23 Uhr

(h 7) Can Ramonet
Das traditionsreichste Fischrestaurant des Viertels Barceloneta ist seit 1763 das Can Ramonet. Hier kann man luxuriös Hummerragout speisen oder einfach ein paar Tapas.
Carrer de la Maquinista 17
Tel. 933 19 30 64

GEWUSST, WIE

In den Pyrenäen ticken die Uhren anders als in Barcelona. In der Regel isst man ab 13 Uhr zu Mittag und ab 20 Uhr zu Abend. Gegen 22 Uhr werden die Bürgersteige hochgeklappt. Auf Wanderungen sollte man in jedem Fall Bergschuhe tragen, lange Hosen und im Sommer eine Regenjacke dabeihaben. Es gibt in jedem Tal ein Fremdenverkehrsamt, bei dem man Kartenmaterial bekommt.

VALL DE NÚRIA

(G 2) Núria-Tal
Das Tal ist nur durch eine Zahnradbahn zugänglich. Die schönste Trekkingtour (zweitägig mit Übernachtung in der Berghütte) führt durch wilde Pyrenäenlandschaft von Núria nach Thuès-Entre-Valls (Frankreich), von wo man den „gelben Zug" zurück nach Katalonien nehmen kann.
Tel. 972 73 20 20
www.valldenuria.com

(G 2) Queralbs
Dieses sehenswerte kleine Bergdorf mit romanischer Kirche, in dem auch noch ein paar Hirten leben, befindet sich auf dem Weg nach Núria.

VALL DE RIBES

(G 2) Patronat de Turisme de la Vall de Ribes, Plaça del Ajuntament 3, Ribes de Freser
Tel 972 72 77 28
www.vallderibes.com

UNTERKUNFT

(G 2) Mas Ventaiola
Marta Perramon und Isabel Corcoy haben ihren Bauernhof oberhalb von Ribes de Freser komplett renoviert.
Ribes de Freser
Tel. 972 72 79 48
www.valideribes.com
masdeventaiola@hotmail.com
DZ 40 €, Apartment für 4 Pers. 75 €, für 6 Pers 100 €

LA GARROTXA

(H 3) Oficina de Turisme
Information zu den sehr gut markierten Romanik-Routen in der Alta Garrotxa und zur Fajeda, dem südlichsten Buchenwald Europas.
Avinguda Onze de Setembre 22, 2ª, Olot, Tel. 972 27 16 00
www.turismegarrotxa.com

(H 3) Museu de l'Embotit
Das kleine Museum erzählt die 150-jährige Geschichte der Familie Sala, Pioniere in der Wurstherstellung und der Rettung romanischer Kirchen.
Carretera de Girona 10
Castellfollit de la Roca
Tel. 972 29 44 63
www.salariera.com

ESSEN

(H 3) Ca l'Enric
Das kleine Restaurant mit 100-jähriger Geschichte weist einen Michelinstern auf. Isabel Juncà und ihre Brüder Jordi und Josep haben es geschafft, traditionelle Wildgerichte und die so genannte „Arme-Leute-Küche" neu zuzubereiten. Zu den Highlights gehören der Seehecht im eigenen Saft auf Holzkohle gedünstet und Spiegeleier mit Kartoffelpüree und frischen Trüffeln. Ausgezeichnete Weinkarte und ausgezeichneter Service.
Carretera Camprodon
Vall de Bianya
Tel. 972 29 00 15
reservas@calenric.net
Degustationsmenü 63 Euro

UNTERKUNFT

(H 3) L'Hostal de la Rovira
Hinter den dicken Mauern des größten Hauses am Dorfplatz befindet sich ein kleines Landhotel mit Charme und guter Küche. Conxita und ihr Mann haben jede Menge Tipps für die Freizeitgestaltung in unmittelbarer Umgebung. Man kann vom Hotel aus sofort in die bewaldeten Berge laufen und sich die restaurierten romanischen Kirchen anschauen.
Major 1, Oix
Tel. 972 29 43 47

(H 3) El Bosquet
Der gediegen eingerichtete Bauernhof aus dem 18. Jh. befindet sich am Ende eines Sandweges fast im Wald. Morgens wacht man vom Läuten der Schafsglocken auf und schaut auf die sanfte Vulkanlandschaft. Abends sitzt man bei Carmen am Kamin und bekommt so unglaublich leckere Gerichte wie überbackene Kartoffeln aus Olot serviert.
El Bosquet, Puigpardines
Tel. 972 69 02 32
elbosquet@hotmail.com
Pro Person 45 Euro VP

(H 3) Sportliches
Mit dem Naturschützer Mike Lockwood kann man Schmetterlinge und Libellen beobachten und alle weiteren Sehenswürdigkeiten der Garrotxa.
Major 24, Besalú, Tel. 972 59 03 27, besona@ctv.es

NATURPARK CADÍ-MOIXERÓ

(F 3) Consell Regulador
Hier bekommt man Informationen zum Naturschutzpark sowie zu dem ehemaligen Fluchtweg der Katharer (Camí dels Bons Homes). Die Direktorin Imma Espel hat auch Tipps zu Unterkunft, Restaurants, Wandern, Skifahren, Bergsteigen, Gipfelbesteigungen, Trekking, Canyoning, Bungeejumping und Gleitschirmfliegen.
Consell Regulador del Camí dels Bons Homes / Parc Natural Cadí-Moixeró
Carrer La Vinya 1, Bagà
Tel. 938 24 41 51
www.camidelsbonshomes.com

VALL DE BOÍ

Sport

Schule für Bergsport mit umweltbewusstem Personal bietet folgende Aktivitäten an: Tourenski, Klettern, Bergsteigen, Trekking, Wandern (auch Schneewanderungen) und Canyoning. Der Gründer dieser Schule, Conrad López, der seit 1987 in den Pyrenäen arbeitet, ist auch Experte für Eisklettertouren.
(B 2) Escola Catalana d'Esports de Muntanya
Ctra. de la Pobla de Segur
El Pont de Suert
Tel. 973 69 08 30
www.escolamuntanyacat.com
Zum Nationalpark Aigües Tortes und zum Vall de Boí siehe S. 88

Literatur

Reiseführer
Einer der wenigen Reiseführer über die Pyrenäen und dazu auch noch ein guter. Tobias Büscher mietete sich ein Haus und schrieb in den Bergen: über Land und Leute, mit Routenvorschlägen und jeder Menge Tipps.
Tobias Büscher: Pyrenäen Dumont 2003, 12 €

Berauschend: Wasserfälle wie der Seljalandsfoss prägen das Bild der grandiosen Landschaft

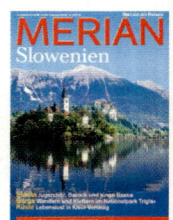

Cool: In Reykjavík sind die Nächte lang – manchmal auch die Autos

Hot: Die „Blaue Lagune" ist Islands berühmteste Badewanne

Von wegen „Island-Tief": Dieses Land brodelt. Wasserfälle, Vulkane, heiße Quellen, Gletscher und Geysire – und eine Hauptstadt mit quicklebendiger Kulturszene

- Reykjavík: Mode, Musik, Kunst – hier werden Trends gesetzt
- Outdoor: Ob Reiten, Wandern, Biken oder Rafting – Island ist ein Paradies für Aktiv-Urlauber
- Meer: Vom Kabeljaufang bis zum „Whale-Watching"
- Isländer: Manchmal skurril, immer kreativ und liebenswert – eine Porträtserie über Nordmänner und -frauen